多层次资本市场研究

2021年第3辑　总第9辑

徐　明　总编
隋　强　党小卉　主编

责任编辑：石　坚
责任校对：孙　蕊
责任印制：丁淮宾

图书在版编目（CIP）数据

多层次资本市场研究.2021年.第3辑：总第9辑／徐明总编；隋强，党小卉主编.—北京：中国金融出版社，2021.12
ISBN 978-7-5220-1448-7

Ⅰ.①多… Ⅱ.①徐… ②隋… ③党… Ⅲ.①资本市场—研究—中国 Ⅳ.①F832.51

中国版本图书馆CIP数据核字（2021）第262493号

多层次资本市场研究.2021年第3辑
DUOCENGCI ZIBEN SHICHANG YANJIU.2021 NIAN DI-SAN JI

出版
发行　中国金融出版社

社址　北京市丰台区益泽路2号
市场开发部　（010）66024766，63805472，63439533（传真）
网 上 书 店　www.cfph.cn
　　　　　　（010）66024766，63372837（传真）
读者服务部　（010）66070833，62568380
邮编　100071
经销　新华书店
印刷　河北松源印刷有限公司
尺寸　185毫米×260毫米
印张　10
字数　156千
版次　2021年12月第1版
印次　2021年12月第1次印刷
定价　58.00元
ISBN 978-7-5220-1448-7
如出现印装错误本社负责调换　联系电话（010）63263947

学术指导委员会

联席主任：李剑阁　李　扬　隆国强
学术顾问：谢　庚
委　　员：（按姓氏笔画排序）
马　骏　王利明　王国刚　王　娴　连　平　顾功耘
郭　锋　廖　理　翟立新

总　编

徐　明

编辑委员会

主　　任：隋　强　党小卉
副 主 任：陈永民　王　鲁　张　梅　李永春　王　丽
编　　委：（按姓氏笔画排序）
卢文道　叶　林　付　彦　吕红兵　刘　忠　汤　欣
李迅雷　张子学　张跃文　陈　洁　范保群　罗培新
郑建明　姚余栋　袁　季　贾广岩　高善文　郭　雳
诸海滨　彭　冰

主　　编：隋　强　党小卉
法律顾问：牛文婕
执行编辑：陈建波　田李蓓
编　　辑：（按姓氏笔画排序）
李志华　李　征　杨微波　时　晋　佟　萌　张付标
周青颖　崔晓杨　谢幽篁

编者按

2021年9月2日，国家主席习近平在2021年中国国际服务贸易交易会全球服务贸易峰会致辞中宣布，继续支持中小企业创新发展，深化新三板改革，设立北京证券交易所，打造服务创新型中小企业主阵地。这是党中央对资本市场更好服务构建新发展格局、推动高质量发展，支持北京国际科技创新中心建设和国家金融管理中心建设作出的重大战略部署，为进一步深化新三板改革、更好支持中小企业创新发展指明了方向、提供了遵循。

为了深入贯彻落实党中央、国务院重大决策部署和中国证监会党委的各项要求，本辑特设专题，围绕支持中小企业创新发展与高质量建设北京证券交易所这一主题，收录5篇文章。国务院发展研究中心副主任隆国强在《改善中小企业创新生态 推动建设创新型国家》一文中提出，创新是实现高质量发展的第一动力，能否在全球新一轮科技革命和产业变革中抢占未来发展制高点是决定国家兴衰的重要因素；设立北京证券交易所对完善国家创新体系，促进我国在前沿科技领域实现新突破具有重大意义。工业和信息化部中小企业局局长梁志峰在《支持中小企业走"专精特新"发展道路》一文中指出，资本市场在企业价值发现、风险分担、创新激励等方面具有独特优势，是创新型中小企业获取融资服务、规范治理结构、实现跨越发展的重要途径；建议加强部门联动和政策协同，为中小企业创新发展创造良好环境。全国股转公司、北京证券交易所董事长徐明在《努力建设好服务创新型中小企业的证券市场》一文中表示，为更好落实党中央重大决策部署，要科学把握好数量与质量、内部与外部、融资端与投资端、创新发展与风险防控、近期与远期五个方面的关系，共同推动市场持续稳定健康发展，努力打造服务创新型中小企业主阵地。全国股转公司、北京证券交易所监事长党小卉在《金融科技赋能深化新三板改革 高质量建设北京证券交易所》一文中认为，证券交易所既是资本市场的重要手段基础设施，也是金融科技创新应用的前沿阵地，运用金融科技助力中小企业创新发展，增强交易所监管服务能力，文章以新三板金融科技实践探索为例，提出电子化、数字化、智能化是资本市场基础设施建设的趋势和潮流，是资本市场监管与服务的发展方向。中国首席经济学家论坛理事长连平在《推动制度创新 服务创新型中小企业挂牌上市融资》一文中提出扎实推进北京证券交易所建设应当做好三个"吸引"：吸引个人和机构投资者、吸引创新型中小企业和吸引私募股权基金，并建议完善新三板基础层、创新层相关制度。

基础制度是资本市场的底座。中共中央政治局会议提出，要以关键制度创新促进资本市场健康发展。本辑"制度探索"栏目收录3篇文章。中国政法大学徐文鸣等撰写的《多层次资本市场建设比较研究》一文从信息不对称角度分析资本市场分层目的，在对全球初级交易所进行类型分析基础上，比较研究7家主要交易所的准入标准和持续交易监管规则，指出以客观指标为基础的准入标准无法实现信息分层目的，制度设计应与初级交易所的功能定位匹配。中关村大河并购重组研究院院长、中国证监会市场部原副主任王雪松与贾婧博士在合著的《SPAC境外发展现状及趋势》一文中指出，由于SPAC上市机制对企业、投资机构以及二级市场投资者都具有吸引力，境外主要交易所积极引入SPAC是应对交易所日趋激烈竞争格局的必然选择。但是，SPAC机制实现高效运转，需要在降低实体企业上市综合成本、吸引坚持长期价值投资的发起人、保护公众投资者的合法权益等方面作出配套制度安排。全国股转公司、北京证券交易所研究部陈建波在《股票流动性提供机制研究》一文中对欧盟股票流动性合同制度与实践进行研究，发现这一制度在业务本质、权利义务关系、报价机制、风险承担机制、收益报酬机制等方面均不同于传统做市交易制度，在一定程度上解决了传统做市商做市意愿不足、积极性不高问题。

夯实法制建设是资本市场行稳致远的基石。本辑"法制建设"栏目收录稿件3篇。上海期货交易所季铄人和北京金融衍生品研究院研究员陈建伟在合著的《美国期货法域外适用：沿革、博弈与启示——基于典型司法判例的考察》一文中提出，法律域外适用需要综合衡量本国经济实力、法律资源和政治环境，是国家综合实力竞争中的一种常用法律工具。我国期货法立法需平衡市场开放与跨境管辖关系，合理设置期货法律的域外适用效力。北京金杜律师事务所律师赖坤元与北京大学法学院教授、博士生导师蒋大兴在合著的《委派董事之股东信披违法行政责任研究》（中）一文中针对中国公众公司"董事席位瓜分"的问题，对域外法中影子董事与事实董事制度进行详细介绍，并提出构建一套信披违法追责路径的解决办法。深圳证券交易所高振翔在《证券法实现投资者赔偿的创新机制分析与先赔后缴制度构建》一文中指出，新证券法同时规定责令回购制度、先行赔付制度、行政和解制度等实现投资者赔偿的创新机制，但尚不足以彻底解决证券民事赔偿责任优先原则落空的现实问题，构建证券罚没款先赔后缴制度具有必要性。

本辑"市场实践"栏目收录文章2篇。齐鲁股权交易中心董事长王胜进在《区域性股权市场助力中小微企业发展的山东实践》一文中以山东地区为样本，以齐鲁股权交易中心的实践为案例，通过对中小微企业实地调研，总结出当前中小微企业最希望得到的服务主要有培训宣传、管理咨询、改制辅导、法律服务、政策代办等基础性服务以及股权转让、投融资对接、上市培育等。申万宏源承销保荐课题组撰写的《港股公开发行自主配售及合规性分析》一文，以港股IPO承销发行制度为观察对象，认为与境内A股IPO发行相比，港股IPO定价具有市场化特点，主承销商在向专业投资者和基石投资者自主配售方面，具有较大自主分配权。

目　　录

【本期专题：高质量建设北京证券交易所】

◇ 改善中小企业创新生态　推动建设创新型国家　　　　　　　　隆国强　003

◇ 支持中小企业走"专精特新"发展道路　　　　　　　　　　　梁志峰　007

◇ 努力建设好服务创新型中小企业的证券市场　　　　　　　　　徐　明　010

◇ 金融科技赋能深化新三板改革　高质量建设北京证券交易所　　党小卉　014

◇ 推动制度创新　服务创新型中小企业挂牌上市融资　　　　　　连　平　024

【制度探索】

◇ 多层次资本市场建设比较研究　　　　　　　徐文鸣　张新悦　陶　震　035

◇ SPAC 境外发展现状及趋势　　　　　　　　　　　　　王雪松　贾　婧　051

◇ 股票流动性提供机制研究　　　　　　　　　　　　　　　　　陈建波　061

【法制建设】

◇ 美国期货法域外适用：沿革、博弈与启示
　　——基于典型司法判例的考察　　　　　　　　　　季铄人　陈建伟　073

◇ 委派董事之股东信披违法行政责任研究（中）　　　　赖坤元　蒋大兴　086

◇ 证券法实现投资者赔偿的创新机制分析与先赔后缴制度构建　　高振翔　107

【市场实践】

◇ 区域性股权市场助力中小微企业发展的山东实践　　　　　　　王胜进　125

◇ 港股公开发行自主配售及合规性分析　　　　　申万宏源承销保荐课题组　136

◇ 稿　约　　　　　　　　　　　　　　　　　　　　　　　　　　　　144

◇ 编辑体例　　　　　　　　　　　　　　　　　　　　　　　　　　　145

本期专题
高质量建设北京证券交易所

改善中小企业创新生态
推动建设创新型国家

隆国强*

摘　要：全球正面临着以信息技术为代表的新一轮科技革命和产业变革，能否在新一轮科技革命和产业变革中抢占未来发展制高点是决定国家兴衰的重要因素。创新是实现高质量发展的第一动力。全球创新体系可分为两大类：第一类是以科研机构、大型企业、政府为主导的传统创新体系，代表国家如东亚经济体、日本和韩国；第二类是以创新型企业、风险投资和资本市场为主导的创新体系，代表国家是美国。本文认为，我国应兼容不同类型的创新体系，一方面继续发挥传统创新体系优势，另一方面加快建立和完善中小企业创新体系，在新形势下丰富创新手段。设立北京证券交易所，对于完善国家创新体系，促进我国在前沿科技领域实现新突破具有重要意义。

关键词：北京证券交易所　中小企业　创新体系　创新型国家

创新是实现高质量发展的第一动力。我国进入新的发展阶段，需要着力改善中小企业创新生态，充分发挥中小企业在国家创新中的重要作用，不断完善国家创新体系，推动建设创新型国家。

一、改善中小企业创新生态是完善我国创新体系的重要内容

世界各国创新体系自成特色，具体可分为两大类：第一类是以科研机构、

---

* 隆国强，国务院发展研究中心副主任。本文为作者在2021金融街论坛年会"完善多层次资本市场体系，打造服务创新型中小企业主阵地"议题中的主旨发言，该平行论坛由全国股转公司、北京证券交易所承办。

大型企业、政府为主导的传统创新体系，代表国家如东亚经济体，日本和韩国；第二类是以创新型企业、风险投资和资本市场为主导的创新体系，代表国家是美国。其中，第一类创新体系是追赶型，作为后发国家要学习追赶先行经济体，将政府和企业力量有机结合，追赶效率相对较高，但在面向前沿科技时，此类创新体系会面临技术路线风险。如20世纪90年代，日本是电视机产业全球领先国家，走的是传统追赶型路线。当时传统电视机正在向高清电视升级，日本5家最大的电视机企业由国家出资50%研发费开展技术攻关，成功研发模拟技术高清电视。与此同时，数字技术开始在全球范围迅猛发展。最后被市场接受的不是模拟技术而是数字技术，日本最终"起了个大早，赶了个晚集"。因此，当国家主推的科技攻关成果无法被市场接受，或将面临较大损失，如同"鸡蛋放在同一个篮子里面"，这是追赶型技术创新体系在面临前沿科技突破时存在的风险。

相对而言，第二类技术创新体系比较适合前沿科技创新，因为这种体系"把鸡蛋分散在不同篮子"，每一个创新型中小企业就是一个篮子。在这些创新型中小企业中总会有创新成功的，当技术路线被市场接受和确认，大量资金就会通过资本市场汇聚于此，让科技创新成果迅速产业化。

新中国成立后，我国建立大量国有科研机构。进入20世纪80年代，这些科研机构推行改革，部分科研机构直接成为企业，部分科研机构和国有大企业结合起来，形成以大型国有企业、大型科研机构为主导，政府直接支持的中国特色创新体系。我国创新体系在过去几十年追赶国际先进科学技术过程中发挥着积极作用，但中小企业在这个过程中发挥的作用还不够充分，从完善国家创新体系角度讲，我国完全有可能兼容不同类型的创新体系，一方面继续发挥传统创新体系优势，另一方面加快建立和完善中小企业创新体系，既持续发挥以前的中国特色创新体系优势，同时又能够在新一轮全球科技革命和产业变革中丰富创新手段。

二、改善中小企业创新生态是应对新一轮科技革命和产业变革的战略举措

全球正面临着以信息技术为代表的新一轮科技革命和产业变革，世界主要经济体争夺科技发展先机的竞争越发激烈，能否在新一轮全球科技革命和产业变革中抢占未来发展制高点是决定一个国家兴衰的重要因素。从目前情况

看，IT技术或生物技术等领域的创新比较适合中小企业创新创业。机械制造等传统产业需要较大规模投入才能产生创新成果，而IT软件行业的一个小团队就可以进行科学技术和商业模式创新。因此，以信息技术、生物工程和航天技术为代表的前沿技术在科技发展方向上有较大不确定性，这些科技前沿领域适合发挥创新型中小企业的创新试错作用。

中小企业研发出创新成果后，如果没有资本市场赋能扶持，则难以做大做强，后续可能因缺乏资金而迅速被新技术淘汰掉。因此，完善的创新体系是创新型中小企业成长的关键。在这些中小企业产生创新成果后，可以通过资本市场赋能迅速实现科技成果产业化，在新兴产业中发展成为有竞争力的大型科技企业。当今全球IT产业的排头兵，有像IBM的老牌传统大企业，但更多的是从创新型中小企业迅速成长起来的独角兽企业，如美国的谷歌、微软，国内的BAT等。

在新一轮全球科技革命和产业变革背景下，如果我国要抓住先机，抢占未来发展制高点，亟须充分发挥创新型中小企业在新经济中的创新作用。当前，一些传统大企业包括在中国跨国企业的创新模式也在改变，部分跨国公司在进行开放式创新，不仅对国际开放，还与公司外部创新型中小企业合作，许多生物技术企业筛选出技术路线比较明确的中小企业，通过收购部分知识产权或在某特定市场的销售权等方式与中小企业合作，也有的直接收购创新型中小企业。所以，现在的大型科技企业一年使用数十亿美元，甚至上百亿美元的资金专门并购创新型中小企业，反映出在新一轮全球科技革命和产业变革中创新型中小企业有更大的发展空间。对我国而言，面对新一轮全球科技革命和产业变革，更需要完善中小企业创新生态。

三、改善中小企业创新生态是我国发展新阶段的必然选择

经过快速工业化后，我国科技水平实现较大跃升，虽然总体上与发达经济体还存有差距，但在许多领域已经接近世界先进水平，可谓整体处于"望其项背"，部分领域"并驾齐驱"，个别领域开始"领跑"。在全球分工体系特别是科技领域中，我国国际地位与以前不同，应在未追赶上的领域发挥传统体制优势继续追赶；在新技术领域，则要勇敢面对无人区，主动开辟新赛道。当前，数字化、绿色化转型给发展中国家带来许多新机遇，特别是给优势后发国家开辟新赛道，对我国这样的追赶型国家来讲，更要在新赛道中占据主动。因

此，必须在技术创新领域，尤其是在全球新一轮科技革命和产业变革的新赛道抢夺未来发展先机。在这种背景下，完善中小企业创新生态具有极其深远的战略意义。

2021年9月2日，国家主席习近平在2021年中国国际服务贸易交易会全球服务贸易峰会致辞中宣布，将继续支持中小企业创新发展，深化新三板改革，设立北京证券交易所，打造服务创新型中小企业主阵地。这是党中央对资本市场更好服务构建新发展格局，推动高质量发展作出的重大战略部署，是实施国家创新驱动发展战略，改善中小企业创新生态的重要举措，对于完善国家创新体系，促进我国在前沿科技领域实现新突破具有重大意义。我们要深刻领会党中央的深远战略意图，深入研究和准确把握中小企业创新发展规律，精心设计行动方案，以点带面推动实施，努力将北京证券交易所打造成为服务创新型中小企业的主阵地，为我国建设创新型国家作出应有贡献。

支持中小企业走"专精特新"发展道路

梁志峰*

摘　要：中小企业是科技创新主力军，但其生存发展面临生产成本上涨、需求收缩、融资难、用工难、应收账款增加、部分地区停电限电等诸多问题。短期内如何有效应对困难挑战，长远如何提升核心竞争力，是摆在中小企业发展面前的难题。资本市场在企业价值发现、风险分担、创新激励等方面具有独特优势，是创新型中小企业获取融资服务、规范治理结构、实现跨越发展的重要途径。本文提出加强部门联动和政策协同，为中小企业创新发展创造良好环境。一是坚持政策惠企、服务助企、环境活企，进一步激发中小企业活力；二是加强优质企业梯度培育，推动更多企业走"专精特新"发展道路；三是发挥多层次资本市场作用，支持优质中小企业创新发展。

关键词：中小企业　"专精特新"　政策

党中央、国务院高度重视中小企业发展。习近平总书记强调中小企业能办大事，要求发展"专精特新"中小企业，支持创新型中小企业成长为创新重要发源地。2021年9月2日，国家主席习近平在2021年中国国际服务贸易交易会全球服务贸易峰会致辞中宣布，继续支持中小企业创新发展，深化新三板改革，设立北京证券交易所，打造服务创新型中小企业主阵地。李克强总理多次主持召开会议，研究部署支持中小企业发展工作，帮助中小企业纾困解难。

---

* 梁志峰，工业和信息化部中小企业局局长。本文为作者在2021金融街论坛年会"完善多层次资本市场体系，打造服务创新型中小企业主阵地"议题中的主旨发言，该平行论坛由全国股转公司、北京证券交易所承办。

【本期专题：高质量建设北京证券交易所】

　　中小企业是国家财富的重要创造者，是扩大就业创业的主渠道，是科技创新的主力军，是造就大企业的蓄水池。随着我国经济由高速增长阶段转向高质量发展阶段，中小企业在建设现代化经济体系中发挥着越发重要的作用，已经成为提升产业链供应链稳定性和竞争力的关键环节，解决关键核心技术"卡脖子"难题的重要力量，构建新发展格局的有力支撑。

　　资本市场在企业价值发现、风险分担、创新激励等方面具有独特优势，是创新型中小企业获取融资服务、规范治理结构、实现跨越发展的重要途径。近年来，随着我国改革持续深化，资本市场服务中小企业的包容性和适应性明显增强，不同类型、不同发展阶段企业的差异化融资需求得到逐步满足，中小企业成长制度空间进一步打开。在工业和信息化部培育的三批4762家专精特新"小巨人"企业中，已有300余家在A股上市，370余家在新三板挂牌。2021年上半年，创业板"小巨人"企业营收和净利润平均同比增长均超过40%；科创板"小巨人"企业研发投入同比增长49%，研发投入占营业收入比例平均值达到14%；新三板挂牌"小巨人"企业营业收入同比增长40%，净利润同比增长近50%，展现出良好的发展态势。

　　当前国际政治经济格局深度调整，全球疫情仍在持续演变，大国博弈更加激烈，外部环境更趋严峻复杂；我国经济复苏仍然不稳固、不均衡，一些深层次、结构性矛盾突出。中小企业面临生产成本上涨、需求收缩、融资难、用工难、应收账款增加、部分地区停电限电等诸多问题。短期内如何有效应对困难挑战，长远如何提升核心竞争力，是摆在中小企业面前的两道难题。对此，我们提出三点想法和建议。

　　一是坚持政策惠企、服务助企、环境活企，进一步激发中小企业活力。中小企业发展的韧性是我国经济韧性、就业韧性的重要基础，中小企业好，中国经济才会好。我国将充分发挥国务院促进中小企业发展领导小组办公室统筹协调作用，坚定不移贯彻"两个毫不动摇"，加强部门联动和政策协同，为中小企业发展创造良好环境，推动破除各类体制机制障碍，保障中小企业依法平等使用资源要素，公平参与市场竞争，维护中小企业合法权益。全面实施"十四五"促进中小企业发展规划，加强中小企业运行监测分析和政策储备，推动及时延续或出台惠企政策，分类指导、精准发力。提高服务意识和服务能力，完善政府公共服务、市场化服务、社会化公益服务相结合的服务体系，为中小企业提供技术创新、数字化改造、工业设计、管理咨询、市场开拓、国际化发展等服务，进一步激发中小企业创新活力和发展动力，提升企业竞争力。

二是加强优质企业梯度培育，推动更多企业走"专精特新"发展道路。"专精特新"的根基是专业化，灵魂是创新。工业和信息化部将积极发挥面向产业、熟悉企业的优势，实施优质中小企业培育工程，完善优质企业梯度培育体系，推动提升企业创新能力和专业化水平，力争"十四五"期间带动孵化百万家创新型中小企业，培育十万家省级"专精特新"中小企业，万家专精特新"小巨人"企业，引导"小巨人"企业向单项冠军企业、领航企业发展。推动构建大中小企业融通发展、协同创新的企业生态，支持中小企业更好地融入产业链、价值链和创新链，做强长板优势，补齐短板弱项，成为掌握独门绝技的"单打冠军""配套专家"。

三是发挥多层次资本市场作用，支持优质中小企业创新发展。科技创新，既是发展问题，更是生存问题。支持中小企业创新发展，是各部门、各地区的共同责任。"专精特新"中小企业聚焦实业、精于主业，创新能力强、质量效益高，是资本市场的优质投资标的。工业和信息化部将加强部门联动，推动健全金融服务中小企业创新发展的全链条制度体系和服务体系，支持发展前景好、创新实力突出的"专精特新"中小企业到交易所上市，到新三板挂牌融资。组织各地中小企业主管部门对拟上市的"专精特新"中小企业开展分类指导、精准培育，提高企业规范化运作和利用资本市场的能力。推动股权投资基金加大对中小企业的支持力度，推动各级中小企业发展基金联动，带动创业投资机构聚焦国家战略和产业发展方向，投早投小投长期。

经济是肌体，金融是血脉，产业发展、企业壮大离不开金融的支持。作为促进中小企业创新发展的宏观指导部门，工业和信息化部愿与金融行业及社会各界携手共进、共同努力，为促进中小企业发展注入新动力，为实现经济社会高质量发展创造新动能。

【本期专题：高质量建设北京证券交易所】

努力建设好服务创新型中小企业的证券市场

徐 明*

摘 要：2021年9月2日，国家主席习近平在2021年中国国际服务贸易交易会全球服务贸易峰会致辞中宣布，继续支持中小企业创新发展，深化新三板改革，设立北京证券交易所，打造服务创新型中小企业主阵地。本文提出，为落实党中央重大决策部署要求，要科学把握好数量与质量、内部与外部、融资端与投资端、创新发展与风险防控、近期与远期五个方面的关系，共同推动市场持续稳定健康发展，努力打造服务创新型中小企业主阵地。

关键词：北京证券交易所 中小企业 主阵地

2021年9月2日，国家主席习近平在2021年中国国际服务贸易交易会全球服务贸易峰会致辞中宣布，继续支持中小企业创新发展，深化新三板改革，设立北京证券交易所，打造服务创新型中小企业主阵地。围绕落实党中央重大决策部署要求，建设好服务创新型中小企业的证券市场，我谈一些体会和认识。

一、坚守一个定位，服务中小企业

中小企业是我国国民经济和社会发展的重要力量，在促进经济增长、稳定就业、推动创新、改善民生等方面，发挥着越来越重要的作用。数据显示，我国中小企业贡献了50%以上的税收、60%以上的GDP、80%以上的城镇就业岗位以及90%以上的新增就业。由于企业规模、发展阶段等因素，中小企业获取

---

* 徐明，全国中小企业股份转让系统有限责任公司党委书记、董事长，北京证券交易所董事长。

金融服务的能力相对较弱，需要金融体系持续改进和深化中小企业金融服务，给予特别支持。当前我国有 4000 多万家企业，其中 95% 以上是中小企业，科技型中小企业超过 22 万家，对于量大面广的中小企业融资需求，金融市场在扩大中小企业服务覆盖面、缓解融资难等方面空间巨大、责任重大。

新三板自 2013 年成立以来，始终坚守服务中小企业初心，进行了一系列制度探索和改革创新，匹配公开集中市场的标准化服务和中小企业个性化需求，探索出公开资本市场服务中小企业的可行路径。2016 年启动分层管理机制，将市场分为基础层和创新层，2020 年增设精选层，初步实现对中小企业的梯度培育，吸引了一批"小而美"的优质中小企业挂牌交易。截至 2021 年 11 月末，全市场累计服务企业 13472 家，其中中小企业占比 94%，民营企业占比 93%。在下一步全国股转系统和北京证券交易所市场建设中，我们将紧紧围绕中小企业这个主体，认真总结过去八年多实践的经验教训，不断深化改革、优化服务，增强制度的包容性和普惠性，突出"更早、更小、更新"，构建覆盖中小企业全链条的金融服务体系，探索资本市场发展普惠金融的"中国方案"。

二、把握一个关键，支持创新发展

创新是引领高质量发展的第一动力，是培育壮大经济新动能、形成新的经济增长点的引擎。企业是创新的主体，中小企业是创新的重要发源地，据有关统计，中小企业贡献了我国 70% 以上的技术创新成果，创造了 80% 以上的新产品。建设创新型国家，实现科技自立自强，需要推动大批创新型中小企业加速成长。从创新领域看，中小企业覆盖国民经济各行业、各领域，其创新不仅体现在新兴产业，还会体现在传统产业中，创新主体不仅包括以制造业为主的"专精特新"中小企业，还包括战略新兴产业中创新能力突出的中小企业、向专业化和价值链高端延伸的生产性服务业企业、向高品质和多样化升级的生活性服务业企业。从创新方式看，中小企业自身积累少、资本实力相对较弱，业态和模式创新往往是其快速发展的重要路径，创新型中小企业不局限于技术创新，还包含模式创新、产品创新、服务创新等方面。

在下一步市场建设过程中，全国股转系统、北京证券交易所将把支持创新放在更加突出的位置，解决好支持中小企业创新发展的几个关键机制问题。一是创新包容机制。针对创新风险大、不确定性高、周期长等特点，持续优化挂牌上市准入条件，丰富创新评价维度，提高审查包容度，充分体现精准包容的理念。二是资金供给机制。支持引导私募基金、公募基金等加大投资力度，推动保险资金、社保基金等长期资金入市，持续优化"小额、快速、灵活、多元"的发行融资制度。三是价格发现机制。持续丰富交易机制类型，完善做市商制度，研究推出混合交易、融资融券交易。四是人才激励机制。持续优化股权激励制度和差异化表决权制度，充分体现市场化、便利性，促进管理层、技术人才和资本所有者形成利益共同体，释放中小企业创新活力。

三、聚焦一个方向，打造主阵地

打造服务创新型中小企业主阵地，是习近平总书记对资本市场的殷切希望，是北京证券交易所和全国股转系统发展的目标和方向。在打造主阵地过程中，我们要科学把握好五个方面的关系。

一是数量与质量的关系。公司质量是资本市场的基石，关系市场成色和发展走势。打造主阵地，质量是根本，数量是关键，要坚持数量与质量并重，在一段时间内聚集一批高质量的创新型中小企业，达到一定的市场规模，形成品牌效应。实践中，对市值、财务指标、业绩波动等方面的包容，并不意味着放松审核，北京证券交易所发行上市审核严守财务真实性和信息披露充分性底线，压实中介机构责任，强化监管执法，把好公司质量关。

二是内部与外部的关系。中小企业需要全链条、全方位的金融服务，要坚持内外部联动形成打造主阵地的合力。市场内部，北京证券交易所作为主阵地的"龙头"，发挥示范引领和"反哺"作用，激发整体市场活力；基础层、创新层是基础，承担规范培育功能，源源不断地为北京证券交易所输送优质上市资源。市场外部，通过转板机制，加强与沪深交易所、区域性股权市场互联互通，支持商业银行开展投贷联动、并购贷款等业务创新，形成多层次资本市场间协同发力、直接融资与间接融资双轮驱动的局面。

三是融资端与投资端的关系。投融两端协调平衡发展是改革顺利推进的重要保障。打造主阵地要从融资端和投资端两头发力，充分发挥中介机构沟通投融两端的重要作用。一方面加强融资端改革，大力推进融资工具创新，完善发行承销制度，不断提升审核注册透明度和可预期性，深化信息披露差异化安排，增强信息披露针对性和有效性。另一方面加强投资端优化，持续完善投资者适当性管理，丰富投资者类型，推动持股行权、代表人诉讼、先行赔付等投资者保护机制落地，培植理性投资、价值投资、长期投资的文化。

四是创新发展与风险防控的关系。风险防控是全国股转系统和北京证券交易所创新发展的前提和保障。在探索推动制度、产品、服务创新过程中,要处理好加强监管、风险控制和改革创新的关系,做到同步研判、同步部署、同步落实。针对创新发展中可能出现的各类风险,做到事前预研预判,事中加强监管和监测,事后稳妥处置化解,对违法违规行为"零容忍",牢牢守住不发生系统性金融风险的底线。

五是近期与远期的关系。市场建设不是一朝一夕的事情,而是一个不断完善和深化的过程,要坚持总体规划、分步实施、稳步推进。近期,通过充分的市场调研,积极探索构建支持中小企业创新发展的政策、制度、监管和服务体系,完善挂牌准入、发行上市、交易、持续监管等基础制度安排,夯实市场发展基础,保障改革顺利实施,确保北京证券交易所平稳运行。中长期,不断总结市场运行实践,持续深化改革,加大创新力度,完备市场功能,健全产品体系,探索发展与中小企业投融资需求相匹配的股票、债券、基金及衍生品市场,强化服务创新型中小企业的特色和品牌。

深化新三板改革,设立北京证券交易所,是党中央着眼于资本市场服务构建新发展格局作出的重大决策部署,是实施国家创新驱动发展战略的重要举措,也是完善多层次资本市场体系的重要内容,对于更好地发挥资本市场枢纽功能、支持中小企业创新发展,具有十分重要的意义。在党中央、国务院的关心和高度重视下,在证监会党委的坚强领导下,在北京市委、市政府的大力支持和各方面的共同努力下,我们有信心落实好深化新三板改革、设立北京证券交易所这项重大改革任务部署。希望社会各界继续关心支持新三板改革和北京证券交易所市场建设,共同推动市场持续稳定健康发展,努力打造服务创新型中小企业主阵地。

【本期专题：高质量建设北京证券交易所】

金融科技赋能深化新三板改革
高质量建设北京证券交易所

党小卉*

摘　要：证券交易所既是资本市场的重要基础设施，也是金融科技创新应用的前沿阵地。本文从全球证券交易所的金融科技应用出发，对金融科技助力中小企业上市挂牌融资以及金融科技给资本市场监管规范带来的挑战进行了深入分析，系统总结新三板在市场建设和改革发展中运用大数据、云计算、人工智能等现代信息技术服务中小企业创新发展的实践探索，认为电子化、数字化、智能化是资本市场基础设施建设的趋势和潮流，是资本市场监管与服务的发展方向，并就金融科技赋能培育优质创新型中小企业，助力其上市挂牌融资提出规划愿景。文章强调，深化新三板改革要立足服务中小企业创新发展的初心使命，持续提升应用金融科技强化监管服务的能力，努力将北京证券交易所建设成为数字化智慧型现代证券交易所。

关键词：金融科技　交易所　新三板　"专精特新"

金融科技是科学技术驱动的金融创新[①]，已经成为推动金融业转型升级的新引擎和金融服务实体经济的新途径。[②] 世界证券交易所联合会（WFE）近期发布报告[③]显示，金融科技深入渗透到世界各地交易所的重要领域和关键环节，对全球资本市场的基础设施建设产生重大影响。

---

* 党小卉，全国中小企业股份转让系统有限责任公司党委副书记、监事长，北京证券交易所监事长。
① 该定义由金融稳定理事会（FSB）于2016年提出，目前已成为全球共识。
② 参见中国人民银行《金融科技（Fintech）发展规划（2019—2021年）》第一章第一节。
③ 参见 Fintech Decoded Capturing the Opportunity in Capital Markets Infrastructure。

一、研判形势：金融科技正在深刻改变资本市场发展格局

当前全球新一轮科技革命与产业变革加速演进，以大数据、云计算、人工智能、区块链为代表的新一代信息技术与金融业深度融合，持续创造商业模式和应用场景，有力推动资本市场发生日益深刻变化。

（一）金融科技蓬勃发展重塑资本市场基础设施生态，有力促进证券交易所提质增效

证券交易所既是资本市场的重要基础设施，也是金融科技创新应用的前沿阵地。新兴金融科技的快速创新及其广泛应用，正在全面重塑全球证券交易所的组织架构和业务模式，不断提升资本市场监管效率和服务质效。

在投融资方面，金融科技着力强化便利供需对接，有效破解传统融资难题。越来越多的证券交易所利用大数据、人工智能等技术推介投融资标的信息，通过云计算技术等开发新发行平台，便利供需双方精准匹配，减少发行成本和缩短发行时间。如为不同类型企业"速配"合适投资者，德意志证券交易集团（以下简称德交所）从2015年开始搭建线上融资平台，根据投资偏好为投资者筛选不同特征企业，并直接建立联系，有效降低搜索成本，显著提高投融资双方对接成功率。

在交易运营方面，金融科技着力增强交易系统性能，提高市场业务运营效率。为满足日益增长的上市企业交易需求，提升市场流动性，全球大部分证券交易所通过精简数据结构等新技术，提高交易系统容量、降低订单处理延时，大幅降低交易订单执行风险，增强市场定价效率。以美国纳斯达克交易所为例，其交易系统一直在全球处于领先地位，每秒钟可处理32万笔订单，延时性小于40微秒。

在产品服务方面，金融科技着力丰富信息产品，提供多样化便利服务。一些知名证券交易所运用机器学习、知识图谱等技术，自动生成个性化统计报告；利用云计算技术，提供投资者模拟交易；增加新技术运用，强化系统开发、技术输出能力，扩大业务收入；通过移动互联网和云计算等技术搭建服务客户新媒介，如伦敦证券交易所集团（以下简称伦交所）探索前沿技术，推动数字化转型，降低运营成本，采取"云战略"，将客户服务和业务重要运营环节移至云端，测试新平台和基础设施，快速响应市场需求。特别是，2020年新冠肺炎疫情爆发以来，国际上不少证券交易所支持App、智能客服等非接触式

服务，帮助投资者线上开户和交易，确保客户足不出户、随地在线上平台轻松操作，切身体验金融科技"保驾"资本市场平稳运行的技术优势。

在市场监管方面，金融科技着力加强智能识别，提升监察效能。随着金融科技应用创新，资本市场违法违规手法花样翻新、层出不穷，金融风险隐蔽性、复杂性、传染性明显上升。为节约人工成本，增强市场监管质效，一些证券交易所利用人工智能、机器学习等技术从海量数据中，精准侦测违法违规交易、及时标注财务异常信息、"画像"识别公司运营风险，提升监管智能化水平。如香港交易及结算所有限公司（以下简称港交所）通过引入大数据、人工智能等技术，审查上市公司财务报告，迅速发现其信披数据暴露的风险隐患。

在风险防控方面，金融科技着力提升研判能力，筑牢风险防线。部分证券交易所通过大数据、云计算、机器学习等技术和数量模型、结果评价等分析工具，"更广、更深、更精、更准"把握市场动态，研判预测市场走势，预判预警运营风险；通过实时获取大量市场资讯数据、分析投资偏好与社会舆情、及时发现负面信息，努力做好风险防范和化解工作。从目前情况看，全球著名证券交易所和知名券商均拥有自己的专业技术和市场研究团队，运用现代金融科技实行智能化科学精准风控。

（二）金融科技与证券交易所业务深度融合，有效引导资本向中小企业创新发展集聚

中小企业融资难、融资贵是长期性世界难题。国内外实践表明，证券交易所作为资本市场最活跃的组成部分，能有效引导资本要素集聚，促进科技成果转化，激发创业投资热情，优化企业财务结构，是服务中小企业创新发展的重要平台。由于中小企业自身具有"小、散、弱、杂"等特点和缺乏固定资产抵押物、新型商业模式、非线性增长营收等"天然属性"，全球不少证券交易所积极探索，运用金融科技手段助力提升中小企业融资服务质效。

在投融资方面，分类运营，分层施策。不少国际性证券交易所创建创业板、中小企业板等场内多层次资本市场，借助大数据、人工智能等手段，在短时间内对中小企业的生产经营、财务状况、商业模式、盈利前景进行综合评估，精准测定其信用水平，通过分类、分层方式帮助中小企业完成不同成长阶段的投融资对接，为其提供高效便捷的上市挂牌融资服务。如美国纳斯达克交易所从创立市场伊始，就运用当时先进的电子系统进行报价、行情展示和撮合交易，目前内部已经形成多层次市场，分别为纳斯达克全球精选层市场、纳斯

达克全球市场和纳斯达克资本市场。多年来，纳斯达克交易所高度重视运用金融科技创新加强市场交易系统建设，不断降低投资者交易成本，逐步成为全球科技创新中小企业的上市首选市场，成功培育出苹果、谷歌、微软、亚马逊等众多科技巨头。

在交易系统方面，注重个性化选择，快速降低成本运营。为满足中小企业差异化交易需求，减少投资者交易成本，部分证券交易所相继推出新型交易系统。如纳斯达克交易所的 Primex 竞价系统、OptiMark 系统和超级蒙太奇系统等，提供多种报价订单显示和执行功能选择，为投资者个性化需求量身定做交易方式，促成最优定价，极大提高市场流动性和透明度。又如，港交所持续革新核心技术系统，2018 年推出新型交易平台，采用开放式系统技术，可实时根据市场需求调整引入新功能。正是这种高水平的金融科技创新应用，加之灵活的交易制度和开放的市场环境，对服务中小企业创新创业、转型升级、发展壮大形成有力支撑。

在产品服务方面，提速增效，降低成本。考虑到中小企业融资存在"短、小、频、急、散"等特征，创新发展具有一定不确定性，部分证券交易所推出全新的数据服务产品，如美国纳斯达克分析中心利用人工智能、大数据等技术对多国央行报告、社交媒体及数千万美股散户投资偏好进行语义和集合分析，形成量化指标，辅助市场投资决策，大幅增加了投资者规模，有效提高市场流动性。

在市场监管和风险防控方面，精准监察异动，快速防范风险。针对中小企业经营不规范、公司治理不完善、内控制度不健全、信用资质差异大、抗风险能力弱等特点，不少证券交易所运用人工智能技术分析市场异常波动，识别投资者和市场主体违规行为，提升发现违法交易的精准性。例如，伦交所的 MIL-LENNIUM 监察系统实行投资者实名制交易，利用指纹、人脸、虹膜等人工智能生物识别技术，有效减少非实名交易的操纵股价、内幕交易等行为。再如，德交所的交易监察系统是全球最发达、最稳定的技术系统之一，被全球 30 多家交易所和市场机构使用，具有速度快、性能稳等特点，对资本市场异常波动较为敏感，可迅速触发"熔断"机制，有效防范市场系统性风险。

(三) 金融科技给资本市场发展和监管带来新的挑战,加大证券交易所防控风险难度

当前大数据、云计算、人工智能、区块链等新兴金融科技发展迅猛,但在资本市场应用创新方面仍处于探索试验阶段,对资本市场发展和监管提出新的风险挑战。与此同时,由于金融科技具有跨地域、跨行业、跨市场以及小规模、分散化等特点,促进证券交易所的业务结构设计更为复杂,交易速度和交易量呈现几何级数增长,产生的金融风险扩散面更广、传播速度更快、破坏性更大,极端情况下可能引发资本市场震荡,甚至造成系统性金融风险。

在金融科技应用方面,计算机系统设计隐含缺陷,操作隐患加大。不少证券交易所的金融科技产品和服务主要依赖计算机系统技术和设计,而这些系统设计时隐含的缺陷不容易发现,或将金融科技特有的风险传播到证券交易所;一旦暴发,可能给资本市场带来不可估量的影响,如 2010 年美国股市的"5·6 闪电崩盘"等突发风险事件,就是由于系统缺陷、技术故障、风控失效引发的市场大幅波动的典型案例。再如,2012 年 8 月美国骑士资本量化交易因服务器升级错误,导致发送大量错误订单,造成 100 多只股票异常波动,引发市场震动。

在交易业务方面,风险传播面更广、速度更快,可能放大市场风险。由于网络传递快,金融科技在传统金融风险基础上,可能加速风险传播蔓延,从而在短时间内给资本市场带来较大冲击。例如,2013 年 4 月美联社 Twitter 账号被黑,一则白宫遇袭的虚假新闻触发大量智能量化交易卖出,短短 2 分钟时间,道琼斯指数重挫 140 余点。此外,新兴金融科技的复杂性和技术之间的依赖性集成度较高,可能导致证券交易所在平台安全、应用安全、系统运维等方面面临更大挑战,金融安全风险也会更加突出。随着大数据、云计算等金融科技的创新发展和深入应用,大量数据集中存储和云端管理越来越普遍。数据一旦丢失或者被盗用,就可能造成难以估量的损失;区块链数据共享或引发敏感数据泄露,甚至危害国家金融安全。

在产品和信息服务方面,市场套利更加隐蔽,监管难度增大。由于金融科技创新带来上市挂牌公司业务类型和盈利模式多样化,部分证券交易所业务呈现高度细分和条线相互交叉等特点,一些创新产品层层嵌套,底层资产和实际投资者的身份特征、行为模式等关键要素更加隐蔽,非法融资等违法违规行为更难识别,因此证券交易所监察技术和手段需要不断升级。一些市场主体使用

新技术、新工具、新方式，突破现行监管制度和体制机制安排，可能导致某些业务游离于监管体系之外而出现监管真空，更容易滋生监管套利。

在系统信息安全方面，容易泄露个人隐私，可能丢失重要信息。随着大数据、人工智能等技术深入应用，证券交易所数据的集中存储和云端管理越来越普遍，一些非持牌机构出于牟利动机，利用技术漏洞非法获取投资数据，侵犯投资者隐私；区块链数据共享也可能引发敏感数据泄露，甚至危及国家金融安全。此外，在金融科技应用背景下，资本市场基础设施系统高度关联，如金融云服务平台为多家金融机构同时提供基础设置服务，一旦出现异常，就极有可能引发金融风险。

当前金融科技应用创新有力促进资本市场监管理念和监管方式发生深刻变革。全球主要国家证券监管机构正在积极引导和推动金融科技的研发和应用，不断探索对金融科技的规范监管。如英国金融市场行为监管局（FCA）2015年推出"监管沙盒"，在保障消费者权益前提下，鼓励交易所运用现代金融科技促进金融产品、服务方式和交付机制创新。美国监管当局明确提出，金融科技不论以何种形态出现，都应按照其金融本质和所涉及的金融业务，纳入现有金融监管体系实施功能监管。作为资本市场的重要组织者、建设者和监管者，证券交易所要增强机遇意识和风险意识，深刻认识和精准把握市场发展规律，正确引导和理性推动金融科技研发，持续增强运用金融科技服务资本市场和实体经济的能力，积极探索对金融科技的规范监管路径，抓住机遇、应对挑战、精准施策、趋利避害，有力促进金融科技与资本市场形成互利共赢、良性互动的发展格局。

二、积极探索：新三板运用金融科技服务中小企业创新发展

近些年，新三板在市场建设和改革发展中，紧跟金融科技创新潮流，积极践行"数据让监管更加智慧""科技让服务更加温暖"的科学理念，运用大数据、云计算、人工智能等现代信息技术，全方位、多角度完善各类基础设施和业务服务平台，支持中小企业创新发展，市场面貌焕然一新。

（一）满足中小企业多元化集中交易需求，自主掌控交易系统

中小企业创新发展是梯度递进的成长壮大过程。创新型中小企业每个发展阶段均需要依次解决融资、股权定价、团队激励、投资人退出等问题。根据挂牌公司多元化、差异化的融资需求，新三板实行市场内部分层管理，面向处于

不同发展阶段、具有不同市场需求的挂牌公司提供"管家式"服务。由于中小企业面广量大、各具特色，场内集中交易特点突出，交易需求差异较大，对交易系统的速度、灵活度和可扩展性等均提出较高要求。为此，新三板聚焦高性能、低延迟、大容量、可扩展的目标，自主掌控交易系统，持续推动系统升级。目前交易系统以强大的高兼容性支持市场集合竞价交易、连续竞价交易、做市交易和盘后大宗交易等多种交易方式，涵盖普通股、优先股等交易品种，在同一市场保障不同类型的交易灵活高效、安全稳定执行。

（二）提高监管智能化水平，开发挂牌公司信息披露监管系统

新三板逾7000家挂牌企业是市场监管的最大挑战。据有关统计，公司监管条线每年处理各类定期报告万余份，临时公告30余万份。为提高新三板监管质效，2018年5月全国股转公司开发上线"新三板信息披露智能辅助核查监管系统"（以下简称利器系统）。利器系统积极应用大数据、云计算、人工智能等技术创新监管模式，通过充分总结证券交易所市场监管实践和会计师事务所审计标准，与挂牌公司监管原则、审查要点等业务场景密切结合，构建信息披露违规、财报粉饰、持续经营能力评价指标库，并在此基础上精准发力，智能筛查、标签提醒，有效识别挂牌公司风险点，处理风险违规事项。自2019年上线以来，利器系统在财务审查及日常监管中发挥了重要作用，对挂牌公司财务异常、持续经营能力存疑公司筛选率达85%，缩短年报审查时间25%以上，展现出良好效果。

（三）拓宽挂牌公司间接融资渠道，开发上线"投融通"服务平台

新三板市场的挂牌公司经过挂牌审查、持续监管，公司治理结构较为完善、信息披露合法合规、生产经营状况良好，是商业银行潜在的优质客户资源。为拓展挂牌公司间接融资渠道，新三板运用大数据等科技手段，建设"投融通"平台，通过数据模型对投融资方供需信息进行归纳、分类和检索，采取智能推送方式促进信息互动，为银企精准对接铺设"高速路"。2019年"投融通"上线以来，累计服务1600余家挂牌公司，为超500家挂牌公司提供"一对一、面对面"银企对接服务。

（四）筑牢安全风险防线，自主研发新一代市场监察系统

为确保市场安全稳定运行，新三板综合运用大数据、流计算、云计算等前沿技术，精心打造新一代监察系统。该系统按照新三板市场分类分层的监管理念进行规划设计，综合考虑创新创业型中小企业的生产经营状况、股权结构、

交易方式、投融资特点，拥有实时监控、事后核查、分析研判、调查取证、违规处理等监察功能，实现了交易监管业务的集成化、可视化、智能化，大幅提升市场监管效能。2020年新一代监察系统上线以来，有力保护新三板投资者的合法权益，支持中小企业股权价值发现，促进投融资功能有效发挥。

三、规划愿景：金融科技助力深化新三板改革、高质量建设北京证券交易所

深化新三板改革，设立北京证券交易所，是党中央、国务院对资本市场更好服务构建新发展格局，推动高质量发展作出的重大决策部署，实施国家创新驱动发展战略、持续培育发展新动能的重要举措，也是我国深化金融供给侧结构性改革、完善多层资本市场体系的重要内容。为更好地促进科技与资本深度融合，支持中小企业创新发展，新三板与北京证券交易所将运用金融科技手段，努力扶持和培育一批优质的创新型中小企业，逐步形成创新创业热情高涨、合格投资者踊跃参与、中介机构归位尽责的良性市场生态，全力以赴打造服务创新型中小企业的主阵地。

（一）专业化运作，积极推动金融科技与证券交易所业务深度融合

金融与科技深度融合是金融科技创新应用的核心要义，需要一支专业化科技研发队伍，善于把证券交易所的业务需求精准转换为金融科技的系统功能，形成"权责清晰、协同有力、调度有效"的科技监管研发服务体系。深化新三板改革，高质量建设北京证券交易所，亟须进一步加大在人工智能、大数据，包括自然语言处理、机器学习、预测分析等前沿科技领域的布局和应用，不断提升金融科技创新应用水平，积极研究第二代交易支持平台、业务办理系统、官网等技术系统，提高科技服务与监管水平。在金融科技能力建设方面，应更加注重发挥专家咨询委的作用，利用好行业技术专家等"外脑"力量。

（二）精细化管理，不断夯实科学数据基础

为促进中小企业创新发展，在市场准入方面，新三板将继续有力推动挂牌公司的"精选"；在公司监管方面，努力平衡好中小企业融资需求与生产经营规范成本的关系；在市场出清方面，巩固完善挂牌公司"进退有序"的良好机制，促进市场"优胜劣汰"。立足长远，新三板与北京证券交易所将深化数据治理专项工作，完善数据标准和维护更新机制，提升数据质量，加强数据共

享，促进数据监管服务效能进一步释放。

（三）特色化服务，持续优化服务平台系统设计

为更好地服务创新型中小企业、券商、投资者等各类市场主体，新三板与北京证券交易所将建设统一业务系统（UBS），提升数据服务能力和业务服务能力，建立信息披露云服务（3Cloud），实现信息披露自动化、智能化，降低企业成本，推动实现各类业务办理在线化、移动化、智能化，提升业务交流友好界面。进一步优化"投融通"平台，提高企业与投资者互动的智能化水平，提升投融资对接效率；推动周边支持系统改造，协调券商升级交易软件功能，提升投资者交易便利性。

（四）智能化监管，进一步增强风险监测和管控能力

新三板与北京证券交易所将持续提高"利器系统"的智能化水平，拓展"利器系统"的应用场景，逐步实现对各类主体行为电子化、数字化、智能化监管。优化新一代监察系统，完善风险监测平台，加强对市场运行事前预警、事中处置与事后评估，实现全方位全链条监管。加强应急管理，修订网络安全、交易结算、上市挂牌公司等突发事件应急处置预案。增置市场网络安全设施，提升自主可控能力，构建集"主动防御"和"被动防御"于一身的信息安全立体防护体系，为市场运行筑牢"铜墙铁壁"。

电子化、数字化、智能化是资本市场基础设施建设的趋势和潮流，是资本市场监管与服务的发展方向。深化新三板改革、高质量建设北京证券交易所，将继续立足服务中小企业创新发展的初心，践行"数据让监管更加智慧、科技让服务更加温暖"的愿景，积极探索前沿技术应用场景，着力优化关键信息数据治理，创新提升科技服务水平，持续增强科技监管能力，努力将北京证券交易所建设成为数字化智慧型现代证券交易所。

参考文献

[1] 邵宇．金融科技在资本市场应用的机遇与风险［J］．清华金融评论，2018（2）：4．

[2] 肖钢．金融科技推动资本市场创新发展［J］．金融电子化，2019（6）：3．

[3] 李文红，蒋则沈．金融科技（FinTech）发展与监管：一个监管者的视

角［J］．金融监管研究，2017（3）：13．

［4］杨东．监管科技：金融科技的监管挑战与维度建构［J］．中国社会科学，2018（5）：24．

［5］周仲飞，李敬伟．金融科技背景下金融监管范式的转变［J］．法学研究，2018，40（5）：17．

［6］李伟．金融科技发展与监管［J］．中国金融，2017（8）：3．

［7］唐莉，程普，傅雅琴．金融科技创新的"监管沙盘"［J］．中国金融，2016（20）：2．

［8］翟伟丽．大数据时代的金融体系重构与资本市场变革［J］．证券市场导报，2014（2）：5．

［9］胡滨，杨楷．监管沙盒的应用与启示［J］．中国金融，2017（2）：2．

【本期专题：高质量建设北京证券交易所】

推动制度创新
服务创新型中小企业挂牌上市融资

连 平[*]

摘 要：我国资本市场呈现多元化发展趋势，多层次资本市场体系已经初步形成，但面对经济发展的新情况、新问题，仍需进一步推进改革。深化新三板改革、设立北京证券交易所有利于提升我国资本市场服务中小企业创新发展的功能，是深化资本市场改革的重要战略部署。本文提出扎实推进北京证券交易所建设应当做好三个"吸引"：吸引个人和机构投资者、吸引创新型中小企业和吸引私募股权基金，并对完善新三板基础层、创新层相关制度提出建议。

关键词：中小企业 制度 私募股权

自 1990 年 11 月 26 日我国首家证券交易所成立以来，在党和国家各项政策支持下，在监管机构的大力推动下，我国资本市场呈现多元化发展趋势，服务实体经济的能力持续增强，多层次资本市场体系已经初步形成，但面对经济发展的新情况、新问题，仍需进一步推进改革创新。

一、服务中小企业融资需要深化资本市场改革

（一）党中央、国务院和监管机构大力支持多层次资本市场建设

党中央、国务院始终高度重视资本市场服务实体经济能力和多层次资本市

---

[*] 连平，中国首席经济学家论坛理事长，植信投资首席经济学家、研究院院长。本文为作者在 2021 金融街论坛年会"完善多层次资本市场体系，打造服务创新型中小企业主阵地"议题中的发言内容，该平行论坛由全国股转公司、北京证券交易所承办。

场建设。早在 2006 年证券法和公司法修订案生效前后，党中央、国务院就提出要建设多层次资本市场体系。当时正值主板和中小企业板股权分置改革收官阶段，建设多层次资本市场体系成为恢复中小板融资功能和推出创业板市场的催化剂。在当前形势下，根据《中华人民共和国国民经济和社会发展第十四个五年规划和 2035 年远景目标纲要》要求，建设多层次资本市场体系的主要任务：一方面是促进资源要素顺畅流动，提高金融服务实体经济能力；另一方面要深化金融供给侧结构性改革，提高直接融资特别是股权融资比重。

监管机构大力推动多层次资本市场体系建设，显著提高资本市场服务实体经济能力。2015 年底，中国证监会表示，我国已初步建成多层次资本市场体系：由沪深主板、中小企业板①、创业板、新三板、区域性股权交易市场、柜台市场组成的多层次股权市场体系初步形成；债券、期货与衍生品市场发展迅速，市场层次日益丰富，为不同规模、不同行业、处于不同发展阶段的企业提供了融资渠道。随着国家推进落实创新驱动和科技强国战略、推动高质量发展以及打造服务创新型中小企业主阵地，中国证监会又先后设立科创板并试点注册制、实施全面深化新三板改革、在创业板试点注册制和设立北京证券交易所（以下简称北交所），资本市场改革成效已经初步显现。截至 2021 年 10 月 14 日，科创板共计吸引 342 家公司上市，累计实现股权融资超 4300 亿元，有力地支持了实体经济发展。

（二）中小企业融资难呼唤深化资本市场改革

中小企业创新发展对我国经济高质量发展具有重要推动作用，但目前中小企业融资难、融资贵问题仍未得到有效解决。中小企业是国民经济和社会发展的主力军，是促进增长、保障就业和改善民生的重要力量。习近平总书记指出，"中小企业能办大事"。刘鹤副总理表示，"中小企业好，中国经济才会好"。因此，从根本上解决中小企业融资难、融资贵问题是推动中国经济高质量发展的重要举措。

相比于直接融资，间接融资目前仍是我国中小企业主要融资渠道。2020 年新冠肺炎疫情爆发以来，各家商业银行加大对中小企业融资贷款力度，中小企业贷款利率明显降低。但银行等金融机构在贷款过程中仍面临资产抵押、风险偏好、资金风控等方面压力，对中小企业间接融资支持仍存有不足。

---

① 经国务院同意，2021 年 2 月中国证监会正式批复深圳证券交易所合并主板与中小板。

科创板和创业板注册制试点落地，显著提升了资本市场支持中小企业创新发展融资能力，但在支持"更早、更小、更新"的创新型中小企业方面仍有提升空间。首先，科创板和创业板对拟上市企业营业收入、净利润、预计市值等指标要求较高，难以惠及规模较小、业务模式较新且急需资金的中小企业。其次，科创板和创业板再融资等方面资本运作成本对中小企业而言仍相对较高，需要针对中小企业发展特点进行制度创新。再次，注册制实施大大缩短上市准备时间，但仍存在制度创新空间，资本市场"救急"能力有待进一步提升。

（三）北交所是深化资本市场改革的重要战略部署

国家主席习近平在 2021 年中国国际服务贸易交易会全球服务贸易峰会致辞中宣布，将继续支持中小企业创新发展，深化新三板改革，设立北京证券交易所，打造服务创新型中小企业主阵地。这表明深化新三板改革、设立北京证券交易所有利于提升我国资本市场服务中小企业创新发展能力，是完善多层次资本市场体系建设的重要战略部署。

北交所和新三板立足于打造服务创新型中小企业主阵地，在多层次资本市场体系建设中起到重要作用。为充分发挥北交所和新三板服务创新型中小企业融资的市场功能，实现错位发展和互联互通的新型发展模式，需要理顺两方面关系。

一是北交所及新三板创新层、基础层与沪深交易所、区域性股权交易市场互联互通关系。北交所聚焦创新型中小企业，随着中小企业逐渐发展壮大，需要畅通与科创板、创业板的转板渠道，满足不同发展阶段企业的差异化融资需求。新三板创新层和基础层是全国性证券交易场所，可以与区域性股权交易市场形成相互补充、良性互动的格局。新三板覆盖区域更广，制度更加完善，是资本市场服务中小企业的重要平台。

二是北交所与科创板、创业板错位发展关系。从市场定位设计看，科创板主要服务符合国家战略、突破关键核心技术、市场认可度高的"硬科技"创新企业。由于此类企业仍有部分尚未盈利或盈利较弱，因此在上市条件方面放宽了盈利要求。创业板则主要服务成长型创新创业企业，聚焦支持"传统产业与新技术、新产业、新业态、新模式深度融合"，对上市企业有一定盈利要求。北交所则聚焦创新型中小企业，服务对象"更早、更小、更新"，通过构建层次递进的市场结构，充分体现了市场的包容性和服务的精准性。

二、做好三个"吸引",统筹新三板创新层、基础层和北交所发展

为深入贯彻落实习近平总书记讲话精神,打造服务创新型中小企业主阵地,北交所应做好三个"吸引",以更好地发挥新三板分层管理优势,建设成为融资有活力、投资有潜力的证券交易所。

(一)吸引个人和机构投资者,增强北交所流动性

为更好地满足中小企业融资需求,北交所需要储备较为充裕的市场交易资金。资本市场中的股权融资,无论是 IPO 还是股票增发,都是吸收一部分市场交易资金后,由资本市场进入实体企业,支持实体经济发展。市场交易资金越充沛,融资功能越强,而市场交易资金积累一方面源自投资者对上市企业前景看好,另一方面是股票价格波动给投资者创造的"赚钱效应"。在引入优质上市公司方面,党中央、国务院和中国证监会已经明确北交所服务创新型中小企业的市场定位,创新型中小企业整体发展前景也十分乐观。因此,目前主要问题在于如何产生"赚钱效应",也就是提升市场交易流动性。

交易流动性和投资者数量具有正向相关性,因而为提升交易流动性需要吸引更多投资者参与。大量投资者入市带来增量资金,支撑市场形成较为充裕的流动性,在一定时期、特点行业形成估值上升的"行情",也就是"赚钱效应"。资本逐利性会吸引更多投资者进入市场,进一步提高流动性。在市场机制"看不见的手"作用下,局部行业或企业估值上升会吸引和带动上市公司股票增发和未上市公司 IPO 等直接融资活动升温,促进直接融资发展。历史经验表明,估值和交易流动性是企业选择上市平台的重要参考指标。这在新三板挂牌企业摘牌后选择在沪深交易所上市中体现得尤为明显。

除沪深交易所流动性好这一重要因素外,企业估值高也是企业转板上市的重要原因。数据显示,截至 2021 年 10 月 11 日,从新三板摘牌转板至沪深交易所上市的 300 家公司平均估值水平(市盈率)增长 5.2 倍,最高一家增幅达 72.8 倍。可以看出,为提升北交所对优质企业吸引力,吸引更多投资者进入,提高市场流动性应成为重点关注的问题。

海外同类型市场普遍鼓励和重视零售投资者群体,鼓励投资者一起参与解决市场失灵问题。类似于北交所的初级交易所(如 NASDAQ、伦交所 AIM、日本 JASDAQ 和韩国 KOSDAQ 等),定位于为中小企业解决融资难题,二级市场流动性天然弱于主板市场,这也被视为初级交易所发展壮大的主要障碍。为突

破这一障碍，全球主要初级交易所都采取与高级交易所一致的交易制度和投资者适当性制度。例如，NASDAQ 没有开户门槛条件；AIM 甚至在官方手册中强调零售投资者为主要客户群体；韩国 KOSDAQ 在运营初期同样面临流动性不足的困扰，但在修改投资者适当性规则、允许零售投资者参与后，年换手率大幅增长至 440%。

在坚持投资者适当性要求、保护零售投资者合法权益的基础上，北交所可以分步骤吸引更多投资者入市，实现投资者扩容。首先，推动公募基金和私募证券基金参与北交所二级市场交易，鼓励公募基金公司设立以北交所为主题的主动管理型基金。公募基金管理人背后是零售投资者的资金支持，这样既能有效利用零售投资者资金，又能有效利用基金管理人的专业能力，降低投资风险。在二级市场股票数量达到一定规模后还可以考虑仿效科创板发行指数和指数类基金产品。其次，提升北交所上市公司监管标准，比肩科创板和创业板，打好制度基础。未来可以考虑降低投资者参与门槛、吸引更多个人投资者参与北交所二级市场交易。

（二）吸引创新型中小企业，发挥北交所直接融资功能

打造一个功能强大的交易所，必须吸引、培育和扶持一批优质的上市公司。纵观海内外资本市场，几乎都是优质的上市公司成就了强大的交易所。美国纳斯达克市场之所以能享誉全球，就是因为汇聚苹果、谷歌、亚马逊、微软等世界顶级科技企业。我国创业板和科创板能够发展迅速，也是因为吸引和造就了一批千亿元市值乃至万亿元市值的优秀企业。因此，吸引更多优质创新型中小企业在北交所上市十分重要。

服务"专精特新"中小企业是北交所当前面临的重要战略机遇。习近平总书记高度重视中小企业发展，指出"我国中小企业有灵气、有活力，善于迎难而上、自强不息"，强调"中小企业能办大事"。中共中央政治局会议提出要发展"专精特新"中小企业，为中小企业创新发展提供了遵循，指明了方向。财政部、工业和信息化部于 2021 年 2 月联合印发的《关于支持"专精特新"中小企业高质量发展的通知》中表示，2021—2025 年，中央财政累计安排 100 亿元以上奖补资金，引导地方完善扶持政策和公共服务体系，分三批（每批不超过三年）重点支持 1000 余家国家级专精特新"小巨人"企业高质量发展，促进这些企业发挥示范作用，并通过支持部分国家（或省级）中小企业公共服务示范平台强化服务水平，聚集资金、人才和技术等资源，带动 1 万家左右中小

企业成长为国家级专精特新"小巨人"企业。这些"专精特新"中小企业有望为北交所提供源源不断的优质上市公司资源。

契合创新型中小企业实际需要，建设符合中小企业创新发展特点的体制机制。股票发行注册制、交易所公司制和转板制度是北交所成立初期的重要制度创新安排。基于打造服务创新型中小企业主阵地的战略定位，在助力中小企业融资方面，未来新三板和北交所制度创新可以专注于降低制度成本和提供全链条服务两个方向。

降低制度成本体现在简化发行流程等方面。企业通过资本市场融资需要满足监管审核、法律、税务等一系列要求，较高的财务和时间成本是中小企业融资难的重要原因之一。如何在不降低监管标准的前提下，降低股权融资成本？结合中小企业成长阶段及其发展规律，简化发行流程可能会成为制度创新的重要突破口。

提供全链条服务则是指通过"新三板基础层、创新层、北交所"层层递进的市场结构，利用不同层级的不同功能对接中小企业不同阶段、不同类型的需求。中小企业申请挂牌及挂牌后，已经进行信息披露，北交所上市审核程序可以相应简化，从而降低上市费用。这也是降低中小企业融资成本的重要方式之一。

(三) 吸引私募股权基金，强化基础层、创新层交易功能

基础层、创新层投资者"画像"和私募股权基金吻合度最高，但尚没有鼓励私募股权基金投资新三板的政策。根据中国证监会2021年9月的解读，基础层、创新层"仍作为证券法设立的全国性证券交易场所"，其挂牌公司仍为"非上市公众公司"。因此，其主要受众应当是对公司所在行业了解程度高、持股时间长、期望未来通过估值上涨获得投资收益的投资者。这和私募股权基金投资特点基本相同。然而，在新三板投资者适当性管理办法中，虽然允许满足出资条件的企业法人和合伙企业投资基础层和创新层，打通私募股权基金投资渠道，但对私募股权基金未做单独规定。

目前，新三板投资者面临一定客观因素约束，导致交易积极性不高。开放式公募基金等开放式理财产品由于要应对投资者频繁的赎回要求，对所投资资产的流动性要求高，因此低换手率、低流动性的基础层和创新层无法满足其投资需求。企业和个人投资者，以及定期开放式公募基金和其他同类型理财产品所面临的问题大致相同。由于基础层、创新层的挂牌公司数量众多，质量良莠

不齐，缺乏证券公司等卖方机构的研究覆盖，投资者较难对挂牌企业价值进行合理评估。加之，未来转板变现不确定性，投资积极性难以调动。

相比之下，私募股权基金存在一定优势。首先，私募股权基金一般专注于一个或几个行业，对行业发展规律有深刻的认识和丰富的经验。尤为重要的是，"专精特新"行业一直是众多私募股权基金竞相布局的重要赛道，其对基础层、创新层挂牌企业的研究能力和估值能力较强。其次，私募股权基金募集资金多是3~5年的长期资金，能够较好消化低流动性压力。再次，私募股权基金多擅长于操作企业上市等投行业务，因此对未来转板会有更为合理的预期和安排，对转板不确定性的担忧显著低于其他机构。最后，北交所制度创新给私募股权基金选择标的和投后退出创造了便利，激励私募股权基金参与到市场交易。如果能够配合税收优惠等政策激励，相信未来会有更多私募股权基金管理人加入基础层和创新层交易中。基金业协会数据显示，截至2021年第二季度末，已登记私募股权和创业投资基金管理人接近1.5万家，累计资产管理规模超过12万亿元。如果充分调动这些机构投资积极性，有望成为支持创新层、基础层快速发展的重要力量。

在一定数量的私募股权基金参与基础上，基础层和创新层可以逐渐成为创新型中小企业融资平台。目前，许多初创企业早期融资都是创业者逐家寻找私募机构，时间长、成本高，并且受创业者人脉资源限制。如果基础层和创新层聚集一定数量私募管理机构，初创企业可以直接在基础层或创新层挂牌，实现有融资需求的企业与私募管理机构的有效对接，而且基础层和创新层的竞价机制可以形成更为合理的股权估值，避免场外交易产生的"哄抬估值"等市场乱象。

三、推动制度创新，服务"更早、更小、更新"企业挂牌上市融资

制度创新能够充分发挥层次递进的市场结构优势，助力深化新三板改革、高质量建设北交所，打造服务创新型中小企业的主阵地。根据中国证监会对北交所服务对象"更早、更小、更新"的市场功能定位，"通过构建新三板基础层、创新层到北京证券交易所层层递进的市场结构，充分体现市场包容性和服务精准性，强化各市场板块之间的功能互补，不断扩大资本市场覆盖面，提高直接融资比重"。

在这样的市场定位下，我们建议对北交所、创新层和基础层进行区别化定

位，主要方式如下表所示。

层级	主要投资者类型	发行/挂牌等费用安排	信息披露标准
基础层	私募股权基金，其他挂牌公司股东	免费挂牌	基本信披，灵活的投资者沟通机制
创新层	私募股权基金，其他挂牌公司股东	由基础层低费率转板	信披要求相比基础层有所提高
北交所	比照科创板和创业板要求	上市费用低于IPO，直接IPO费用视战略考量	信披要求比照科创板和创业板上市公司

（一）基础层有针对性地服务初创型企业的融资需求，发挥类似"撮合"初创企业和创业投资基金功能

基础层的主要功能可以定位于通过设置创新型的信息披露和信息沟通机制，让初创企业在基础层展示公司业务和发展潜力，吸引更多创业投资基金关注，从而实现服务初创型企业融资需求的功能。建议：一是基础层的投资者群体以私募股权基金（尤其是创业投资基金）为主。挂牌企业的法人股东、高管等个人股东因为有交易股权的需求，可以作为投资群体的重要补充。除挂牌企业的个人股东外，不建议其他个人投资者（尤其是风险承受能力低的零售投资者）参与基础层交易。二是发行制度方面，针对初创企业财务实力弱等特点，免除企业挂牌费用。出于降低企业负担，信息披露也建议从简，除财务、股权变更等必要信息外，其他流程尽量简化，以能够满足企业方和机构投资者信息沟通为佳。

（二）创新层可以有针对性地服务成长期中小企业的再融资需求，发挥类似"撮合"中小企业B-D轮再融资功能

创新层功能定位比基础层更加丰富，包含两个方面：一方面，协助"撮合"成长期中小企业对私募股权基金和其他类型投资者的定向发行融资，因为融资并不针对公众投资者，所以在融资流程和制度方面可以进行创新探索，力求简化和低成本；另一方面，通过竞价机制形成成长期中小企业股权合理价格，投资者通过集中竞价等形式形成的价格更贴近公允价格，比场外单独定价效率更高、更合理。建议：一是投资者群体以私募股权基金为主，挂牌企业的法人股东、高管等个人股东作为投资群体的重要补充。除挂牌企业的个人股东外，建议允许有资金实力的个人和企业法人投资者参与创新层交易。另外，一

些秉持长期投资理念的金融机构投资者也可以适当参与。二是发行制度方面，对直接挂牌创新层的企业适度收费，同时对基础层调层至创新层的企业进行费用减免。信息披露方面由于创新层投资者更多，信息披露的标准要比基础层有所提高，但相比主板或创业板/科创板可以做相应简化。

（三）北交所可以有针对性地服务成熟期中小企业公开市场融资需求和交易需求，提供更加高效的公开市场融资交易服务

北交所相比创新层，在股权融资规模、股权交易流动性和股票价格市场化定价能力方面均会有明显提升。北交所除发挥证券交易所基本功能外，还应发挥对创新层、基础层的示范引领和"反哺"功能，激发新三板整体市场活力。建议：一是投资者群体在满足投资者适应性要求的前提下尽量多元化扩容。在市场发展初期对个人投资者设置适当门槛，更多地让资金实力较强的个人参与。但对于代管个人投资者资金的专业投资机构（如公募和私募证券基金等），则可以尽可能鼓励。二是发行制度方面，对申请到北交所上市的创新层企业进行费用减免。由于拟上市的创新层企业已挂牌一段时间，信息披露方面相对充分，因此在上市流程上可以相应简化，以降低企业财务成本和时间成本。在信息披露方面，由于北交所为公开市场，建议遵循证券交易所上市企业最高信息披露标准，为未来证券交易所的投资者扩容奠定基础。

制度探索

多层次资本市场建设比较研究

徐文鸣　张新悦　陶　震*

摘　要：建立健全多层次资本市场是党的十八大以来金融领域改革的重要举措，目的在于扭转我国资本市场主要面向大中型企业，难以满足大量创新创业型中小企业融资需求的状况。本文从资本市场分层理论逻辑出发，指出资本市场分层有利于改善证券估值、保护交易所声誉资本和提高其全球竞争力；通过对7家主要交易所准入、交易和持续监管制度比较分析，指出以客观指标为基础的准入标准无法实现信息分层目的，制度设计应当匹配初级交易所功能定位。最后，本文结合深化新三板改革实践，对进一步深化多层次资本市场改革提出政策建议。

关键词：多层次资本市场　分层逻辑　深化改革

一、引　言

我国多层次资本市场包括以上海证券交易所、深圳证券交易所、北京证券交易所（以下简称北交所）为代表的高级交易所市场（Senior Stock Exchange），以全国中小企业股份转让系统（以下简称新三板）为代表的初级

---

* 徐文鸣，中国政法大学法与经济学研究院副教授、副院长，钱端升青年学者；张新悦，中国政法大学法与经济学研究院硕士研究生；陶震，中国政法大学法与经济学研究院博士研究生。本文获得北京市社科青年项目"多层次资本市场改革与新三板自律监管问题的实证研究（17FXC017）"的资助。

交易所市场（Junior Stock Exchange）①和以区域性股权交易所（中心）为代表的场外交易市场。从多层次资本市场发展历程看，多层次资本市场改革是从高级证券市场向初级市场扩张过程，也是逐渐放松金融抑制、提高创新创业型中小企业直接融资的过程。②

2013年12月14日，国务院发布《国务院关于全国中小企业股份转让系统有关问题的决定》（国发〔2013〕49号），将新三板定位于"为创新型、创业型、成长型中小微企业发展服务"。经过八年多建设，新三板市场已经成长为拥有近万家企业挂牌的证券交易场所。中国证监会2019年修订《非上市公众公司监督管理办法》，推动新三板对发行机制、市场分层、证券交易、投资者适当性、企业转板和公司监管等制度进行一揽子配套改革，优化新三板市场制度供给，完善融资功能，提升市场活力。2021年9月2日，国家主席习近平在中国国际服务贸易交易会全球服务贸易峰会致辞中宣布，继续支持中小企业创新发展，深化新三板改革，设立北京证券交易所，打造服务创新型中小企业主阵地。

虽然多层次资本市场改革实践异常活跃，但是少有研究专门探讨资本市场分层的理论逻辑以及初级交易所的功能定位。对相关文献的检索显示，"多层次资本市场"概念最先出现于20世纪90年代末期，当时我国资本市场层次单一，市场准入仅向国有企业和大型私企开放，无法满足中小企业需求。③ 因而，资本市场分层也笼统地归结为高级交易所为大型企业服务，初级交易所为中小企业服务。此后，有关多层次资本市场的研究，多将规模分层作为理论前提，缺乏对市场分层基本逻辑的反思。④

---

① 本文采用世界交易所联合会（World Federation of Exchanges）对初级交易所的定义，包括所有主要服务中小企业的交易所、板块或多边交易设施（Multilateral Trading Facility）等，见 WFE, 2018. An Overview of WFE SME Markets，第1页。

② 我国资本市场上大企业与小企业之间的对立由来已久，参见唐应茂. 独角兽、法律周期论与民族国家建构——红筹企业中国存托凭证制度的初步研究[J]. 中外法学, 2019 (2): 499-521。

③ 樊纲在讨论股份制改革时指出，多层次资本市场有助于满足大量经过股份制改造的小型国有企业的交易需求，参见樊纲. 股份合作制与中国资本市场的多层次发展[J]. 学习与实践, 1998 (4): 13-16。而王国刚在讨论创业投资时指出，由于创业企业之间的差异巨大，多层次资本市场有助于满足创业各阶段的需求，参见王国刚. 创业投资：建立多层次资本市场体系[J]. 改革, 1998 (6): 48-57。

④ 参见邢会强. 股票发行注册制成功实施的三个体制机制条件[J]. 财经法学, 2016 (5): 5-11, 19；沈朝晖. 论证券法的地方竞争体制[J]. 北方法学, 2013 (3): 63-73。

二、资本市场分层的理论逻辑

讨论资本市场分层逻辑离不开企业融资选择理论,多层次资本市场建设目标是更有效地满足企业差异化融资需求。啄续理论(Pecking Order Theory)指出,由于资金融入方与外部投资者之间存在信息不对称,前者掌握更多企业内部信息,因而会优先选择传递私人信息较少的融资方式。[①] 生命周期融资选择理论则在信息不对称的基础上,引入企业不同发展阶段的动态维度,指出企业处于生命周期的不同阶段,最优资本结构存在着显著差异。[②] 随着规模和年龄增长,企业与外部投资者之间的信息不对称程度降低,融资来源逐步升级(Finance Escalator),依次从内源融资、私募股权或债权融资转向公开的股票和债券市场。[③]

与成熟企业相比,创新创业型中小企业存在融资市场失灵的问题。第一,企业发展不确定性较高,失败风险和信息不对称程度很高。[④] 第二,企业持有大量无形资产,有形资产占总资产比例较低,抵押品数量不足。[⑤] 第三,企业成功高度依赖创始人团队,信息不对称引起的委托代理问题可能损害外部投资者利益。[⑥] 在以服务成熟企业为目标的传统金融市场上,此类创新型、创业型中小企业面临更强的融资约束,难以获得足够的外部支持。[⑦]

证券交易所在解决中小企业融资需求时至少有两种选择:第一,修改上市规则,对所有上市公司统一适用较低准入标准;第二,不修改高级交易所上市

[①] 例如,对于美国上市公司的实证研究显示,企业倾向于优先使用内源融资,参见 Myers, Stewart C. The Capital Structure Puzzle [J]. The Journal of Finance, 1984, 39 (3): 574-592。而基于中国上市公司的数据也基本肯定了啄续理论的预测,但由于我国大量上市公司为国有企业,所有权特征在一定程度上改变了资本结构,国有控股公司的长期负债率偏高,见肖泽忠,邹宏. 中国上市公司资本结构的影响因素和股权融资偏好 [J]. 经济研究, 2008 (6): 119-134, 144。

[②] 参见 Berger, Allen N., and Gregory F. Udell. The Economics of Small Business Finance: The Roles of Private Equity and Debt Markets in The Financial Growth Cycle [J]. Journal of Banking & Finance, 1998, 22 (6-8): 613-673.

[③] 参见 Cumming, Douglas, Deloof, Marc, Manigart, Sophie, and Mike Wright. New Directions in Entrepreneurial Finance [J]. Journal of Banking & Finance, 2019, 100: 252-260。

[④] 参见 Revest, Valérie, and Alessandro Sapio. Financing Technology-Based Small Firms in Europe: What Do We Know? [J]. Small Business Economics, 2012, 39 (1): 179-205。

[⑤] 参见 Hall, Bronwyn H., and Josh Lerner. The Financing of R&D and Innovation. In Bronwyn H. Hall, Nathan Rosenberg eds., Handbook of the Economics of Innovation [M]. Netherlands: Elsevier, 2010: 609-639。

[⑥] 参见 Kersten, Renate, Harms, Job, Liket, Kellie, and Karen Maas. Small Firms, Large Impact? A Systematic Review of the SME Finance Literature [J]. World Development, 2017, 97: 330-348。

[⑦] 参见 Beck, Thorsten, and Asli Demirguc-Kunt. Small and Medium-Size Enterprises: Access to Finance as A Growth Constraint [J]. Journal of Banking & Finance, 2006, 30 (11): 2931-2943。

规则，而对市场进行分层，初级板块适用差异化准入标准。随着上市公司异质性增加，市场分层与降低准入门槛相比，至少在信息不对称、声誉资本与全球竞争力三个方面具有显著优势。

第一，市场分层缓解发行人逆向选择带来的估值损失。中小企业进入证券交易所增加企业异质性和市场平均风险水平，信息不对称带来的逆向选择问题加剧，高质量发行人将尽量避免通过证券市场融资。市场分层使投资者能够根据不同层次内发行人的平均质量估值，实现均衡估值分离，缓解逆向选择问题。

第二，市场分层有助于控制上市公司违规给交易所带来的声誉资本损失。证券交易所表现出较强的网络效应（Network Effect），创新型中小企业的信息不对称程度较高，发生经营失败或欺诈的风险较大，这些事件存在显著的负外部性，会给交易所声誉资本带来负面冲击。市场分层在一定程度上隔离不同板块间的声誉资本，起到风险控制作用。

第三，证券交易所分层有助于保持全球竞争力。哥伦比亚大学法学院 Coffee 教授提出了著名的"约束假说"（Bonding Hypothesis），指出东道国交易所可以通过提供良好的公司治理、信息披露和执法规则，以更高溢价吸引它国企业来上市交易。[①] 证券交易所面临的国际竞争不断加剧，迫使它们提高监管强度，降低上市公司的信息不对称程度。然而，证券监管"向上竞争"意味着上市成本增长，与服务中小企业的目标相矛盾。交易所可以通过分层来解决上述矛盾。

综上所述，证券交易所进行市场分层的目的在于解决发行人异质性和信息不对称引发的各种问题。资本市场分层实现了不同层次之间的分离均衡，层数与服务对象的异质性正相关，即发行人群体的差异越大，信息不对称程度越高，所分层数越多。

三、资本市场分层模式的类型分析

资本市场分层模式可以根据组织结构和功能定位两个维度进行类型分析。第一个维度是初级交易所和高级交易所之间的组织结构，主要可以分为三种类型[②]：第一类是在高级交易所设立服务中小企业的板块，初级板块分享高级交

[①] 参见 Coffee, John C. Racing towards the Top: The Impact of Cross-Listing and Stock Market Competition on International Corporate Governance [J]. Columbia Law Review, 2002, 102 (7): 1757-1831。

[②] 参见 Harwood, Alison, and Tanya Konidaris. SME Exchanges in Emerging Market Economies: A Stocktaking of Development Practices [J]. The World Bank Policy Research Working Paper, 2015, No. 7160。

易所声誉资本,转板机会对于中小企业来说有较高吸引力。第二类是高级交易所不进行内部分层,而根据上市公司的规模设置差异化的监管规则,该组织结构最大优势在于节约制度成本。第三类是独立的初级证券交易所。

第二个维度是初级交易所功能定位,主要可以分为三类[①]:第一类是"培育型"交易所(Feeder)。此类初级交易所突出转板机会,中小企业提前获得外部融资,如果能够持续发展达到高级交易所的准入要求,可转板至主板市场。第二类是"行业型"交易所,上市企业以高科技和(或)高增长企业为主,为高科技风险投资基金提供多元化的退出渠道。此类初级交易所上市企业所属行业集中度高。第三类是交易所监管市场(Exchange-regulated Markets),此类交易所以保持监管灵活度、满足中小企业需求为目标。

选择各种类型中最具代表性的初级交易所进行比较分析(见表1)。从组织结构层面看,有些高级交易所内部会进行分层,包括我国新三板、多伦多创业企业交易所(TSX Venture Exchange)、JASDAQ、KOSDAQ和伦敦证券交易所的另类投资市场。而我国台湾地区柜买中心和NASDAQ(初期)则采取初级交易所与高级交易所相独立的组织结构,该组织结构大多受路径依赖影响,如我国台湾地区的柜买中心是建立在非上市公司场外股权交易市场的基础之上,因而与高级交易所在组织结构层面不存在直接关系。澳大利亚交易所则未进行分层,而是对市值在3亿美元以下的上市公司,适用更为灵活的监管规则。

表1 资本市场的分层模式

组织结构 功能定位	高级交易所不分层	高级交易所分层	高级交易所与 初级交易所独立
培育中小企业	澳大利亚交易所	我国新三板、多伦多创业企业交易所	我国台湾地区柜买中心
行业孵化	无	JASDAQ/ KOSDAQ	NASDAQ(初期)
灵活监管	无	伦敦证券交易所的另类投资市场	无

---

① 参见 Vismara, Silvio, Paleari, Stefano, and Jay R. Ritter. Europe's Second Markets for Small Companies [J]. European Financial Management, 2012, 18 (3): 352-388。

【制度探索】

  从功能定位层面看，首先，新三板、我国台湾地区柜买中心和多伦多创业企业交易所都着重强调"培育"功能，挂牌企业通过初级交易所的培育转板至高级别交易所。第二类行业型交易所的兴起则归功于 NASDAQ 的成功。日本和韩国效仿其商业模式，分别建立了为高科技企业服务的初级交易所 JASDAQ 和 KOSDAQ。第三类交易所监管市场，主要流行于欧盟成员国内，最具代表性的是伦敦证券交易所的另类投资市场（Alternative Investment Market，AIM）。

  选取美国 NASDAQ①、加拿大 TSX Venture②、日本 JASDAQ③、韩国 KOSDAQ④、英国 AIM⑤、我国新三板和台湾地区柜买中心⑥ 7 个初级交易所，比较分析 7 个市场概况（见表 2）。2020 年末数据显示，新三板挂牌企业数量遥遥领先于其他初级交易所；从市值规模看，规模最大的两个初级交易市场是 NASDAQ（全球市场层和资本市场层）和新三板；从年交易量来看，NASDAQ 和 KOSDAQ 的交易量较高。结合各初级交易市场的总市值和交易量，KOSDAQ 的流动性最好，年换手率接近 440%；其次为台湾地区柜买中心的上柜市场、NASDAQ 和 JASDAQ，年换手率都超过 100%；TSX Venture 和 AIM 的年换手率在 50%~60%；新三板交易的流动性最低，年换手率仅为 4.9%。

---

  ① 美国 NASDAQ OMX Group 旗下运营 NASDAQ 交易所，其内部分为三层，分别为全球市场优选层（Global Select Market）、全球市场层（Global Market）和资本市场层（Capital Market），本列只展示了为中小企业服务的全球市场层和资本市场层准入标准。
  ② 加拿大 TMX Group Limited 旗下运营 Toronto Stock Exchange 和 TSX Venture Exchange，其中 TSX Venture 是服务中小企业的初级交易所，它划分了两个层次，分别为层次 1（TIER 1）和层次 2（TIER 2），并根据不同的行业设置了挂牌标准，本文选取其针对工业和高科技企业的标准，其他标准还包括对于房地产企业、矿业企业和油气开采企业的标准。
  ③ 日本 Japan Exchange Group 旗下运营 Tokyo Stock Exchange，Mothers 和 JASDAQ，其中 JASDAQ 是服务中小企业的初级交易所，它分为标准层（Standard）和成长层（Growth）。
  ④ 韩国 Korea Exchange（KRX）旗下运营 KOSPI market 和 KOSDAQ market。
  ⑤ 英国 London Stock Exchange 运营主板（Main Market）和另类投资市场（Alternative Investment Market）。
  ⑥ 台湾柜买中心主要包括上柜市场、兴柜市场与创柜市场，但创柜市场的公司为非公开发行，因此不纳入本文的研究范围。

表 2　主要初级交易所概况

	NASDAQ	TSX Venture①	JASDAQ②	KOSDAQ	AIM	新三板	柜买中心③
建立时间	1982	1999	1999	1996	1995	2013	1994
2020年底挂牌或上市公司数量	1892家 其中全球市场层512家、资本市场层1380家	1673家	704家 其中标准层667家、增长层37家	1405家（2019年底）	819家 其中国内公司707家、国外公司112家	8187家 其中精选层41家、创新层1138家、基础层7008家	1035家 其中上柜市场782家、兴柜市场253家
2020年底上市公司总市值	79086.4亿元 其中全球市场层42294.4亿元、资本市场层36787.4亿元	2302.2亿元	6589亿元 其中标准层6414.2亿元、增长层174.8亿元	14476.8亿元（2019年底）	11655.2亿元	26542.3亿元	11840.5亿元 其中上柜市场10101亿元、兴柜市场1739.5亿元
年交易额	138089.1亿元④	1212.5亿元	11083.6亿元 其中标准层9125.4亿元、增长层1958.2亿元	63568.2亿元（2019年）⑤	7378.9亿元	1295亿元 其中精选层273.9亿元（精选层）、创新层651亿元、基础层370亿元	29228.1亿元 其中上柜市场28053.9亿元、兴柜市场1174.2亿元

注：①本表数据主要来源于"2金融数据库"和各交易所网站。

②外币转换采用2020年12月31日汇率：美元兑6.5249人民币、1日元兑0.063236人民币、1韩圆兑0.005997人民币、1英镑兑8.8903人民币、1加元兑5.1161人民币、1新台币兑0.2321人民币，见 https：//www.boc.cn/sourcedb/whpj/。

四、初级交易所准入制度比较

对比不同交易所的准入门槛，财务准入标准差异较为明显（见表3）。AIM 和 TSX Venture 与其他初级交易所存在较大的差异，财务准入指标尤其宽松。

---

① 参见 https：//tsx.com/resource/en/2559；https：//tsx.com/resource/en/2574。

② 参见 https：//www.jpx.co.jp/english/markets/equities/summary/index.html。

③ 上柜市场数据来源于《历年上柜股票统计 1989—2017》，兴柜市场数据来源于"兴柜股票市场现况"。

④ 由于无法获得 NASDAQ 每层交易量，该数值是估算所得。估算公式如下：2020年总交易量×（全球市场层市值+资本市场层市值）/总市值=（5638+6482）/247212×431647=21163.4（亿美元）。

⑤ 流动性不足在 KOSDAQ 建设初期同样是困扰其主要问题，20世纪90年代末期年交易量只有 KSE 主板的6%，而2000年后情况得到好转。这种改变主要归功于零售投资者，他们持有近58%的流通股，交易量占约75%，参见 Shin, Inseok. Evolution of the KOSDAQ Stock Market：Evaluation and Policy Issues［R］. Capital Markets in Asia：Changing Roles for Economic Development（2005）。

【制度探索】

AIM 仅要求主营业务为对外投资的申请企业股本总额大于 0.27 亿元。而 TSX Venture 仅要求申请企业的资产或营业收入达到一定标准，且申请层次 1 的标准高于申请层次 2 的标准，然而上述指标并不是硬性要求，TSX Venture 考虑到创新型中小企业的异质性，还规定申请企业若暂时无法满足营业收入标准，可以用商业计划证明未来两年可以达标替代。AIM 和 TSX Venture 只设定较为简单的准入指标，基本未设置任何实质性财务准入要求。其他初级交易所则为企业提供不同指标组合，按照核心指标可以划分为四类标准，即净利润标准，资产与营业收入标准，市值标准和股本标准。

从净利润标准看，新三板创新层仅在净利润、加权净资产收益率和股本总额三方面进行实质性要求。台湾地区柜买中心上柜市场对税前净利润进行象征性规定，仅要求拟挂牌企业近一年净利润高于 90 万元，同时对税前净利润占股本之比进行规定。NASDAQ 全球市场层对净利润的要求相对较高，资本市场层要求相对较低，拟挂牌企业净利润应大于 0.05 亿元。JASDAQ 标准层对拟挂牌企业在净利润、净资产和流通股份市值方面进行规定。而 KOSDAQ 则设置 4 组备选二级指标，供拟上市企业选择。台湾地区柜买中心兴柜市场、新三板基础层和 JASDAQ 增长层没有设置以净利润为核心指标的准入标准。

从资产（营业收入）标准看，新三板创新层要求拟挂牌公司分别在营业收入、增长率、净资产、股本总额等方面达到相应标准，基础层设置的营业收入标准最低，仅要求近两年营业收入累计大于 0.1 亿元。而台湾地区柜买中心上柜市场对于主营业务收入的要求较高，并在净资产规模和经营现金流方面设置相应要求。NASDAQ 全球市场层对拟挂牌企业的营业收入和总资产要求最高。JASDAQ 增长层仅要求净资产为正即可。此外，台湾地区柜买中心兴柜市场、NASDAQ 资本市场层、JASDAQ 标准层、KOSDAQ 都未设计以资产（营业收入）为核心的准入标准。

从市值标准看，新三板创新层要求拟挂牌企业市值不低于 6 亿元，此外还在净资产、股本总额方面进行相应规定，并且考虑到交易方式差异，引入对做市商数量的最低要求。NASDAQ 全球市场层要求拟挂牌企业总市值大于 4.89 亿元，且公众持股市值应超过相应限制；资本市场层采取类似标准，仅降低相关数值要求。JASDAQ 标准层要求拟挂牌企业总市值大于 3.21 亿元；增长层仅要求拟挂牌企业满足可流通股份市值大于 0.32 亿元。KOSDAQ 要求拟挂牌企业在满足净利润标准之外，还必须满足市值标准，共设置 5 组备选二级指标。

新三板基础层和台湾地区柜买中心均未设计以市值为核心的准入标准。

从股本标准看，NASDAQ 全球市场层要求拟上市企业股本总额和公众持股市值大于特定数额；资本市场层要求类似，仅降低相关指标数值标准。新三板创新层公司股本总额最低不少于 0.2 亿元，基础层公司报告期末股本不少于 0.05 亿元。台湾地区柜买中心、JASDAQ 和 KOSDAQ 均未设计以股本指标为核心的准入标准。

表 3　初级交易所挂牌主要财务准入标准

	新三板①	柜买中心	NASDAQ	JASDAQ②	KOSDAQ③
净利润标准	创新层 净利润：近 2 年净利润均不低于 0.1 亿元，且加权平均净资产收益率平均不低于 8%。 净资产：近 1 年期末净资产不为负值。 股本总额：不少于 0.2 亿元。 基础层 未涉及。	上柜市场 净利润：近 1 年合并财务报表的税前净利高于 93 万元，且税前净利占股本之比率符合下列标准：（1）近 1 年达 4%，且无累计亏损；或（2）近 2 年均达 3% 或平均达 3%，且近 1 年较前年存在正增长。 兴柜市场 未涉及。	全球市场层 净利润：近 1 年或 3 年中 2 年不少于 0.07 亿元。 市值：无限售公众持股市值不低于 0.52 亿元。 股本：不少于 0.98 亿元。 资本市场层 净利润：近 1 年或 3 年中 2 年不少于 0.05 亿元。 市值：无限售公众持股市值不低于 0.33 亿元。 股本：不少于 0.26 亿。	标准层 净利润：近 1 年净利润不少于 0.06 亿元。（净利润与总市值标准满足其一即可） 净资产：不少于 0.13 亿元。 可流通股份市值：不低于 0.32 亿元。 增长层 未涉及。	1）最近一年税前利润大于 0.3 亿元； 2）或最近一年税前利润大于 0.12 亿元（创业企业为 0.06 亿元）且公司市值大于 0.54 亿元； 3）或最近一年税前利润大于 0.12 亿元（创业企业为 0.06 亿元）且公司股本大于 0.18 亿元（创业企业为 0.09 亿元）； 4）或最近一年税前利润大于零，且公司市值大于 1.19 亿元，且最近一年销售额大于 0.60 亿元（创业企业 0.30 亿元）。

---

① 进入新三板创新层挂牌交易企业普遍适用的标准：（一）公司挂牌以来完成过定向发行股票（含优先股），且发行融资金额累计不低于 1000 万元。

② 参见 2019 New Listing Guidebook-JASDAQ。

③ KOSDAQ 市场在每一项核心财务准入指标下设置了不同的选项，因而存在大量的准入标准组合。因此，该列 B 栏的展示方式与其他各列存在差异，仅整理其条文规定，并未归类为不同标准组合。此外，KOSDAQ 市场将上市公司分为标准公司（Standard Company）与科技增长公司（Technology Growth Company），标准公司的上市标准分为"营利性标准"与"市值与增长潜力标准"，科技增长公司的上市标准为"特殊的科技评估标准"与"增长潜力推荐标准"。

续表

	新三板	柜买中心	NASDAQ	JASDAQ	KOSDAQ
资产、营业收入标准	创新层 营业收入：近2年营业收入平均不低于0.6亿元，且持续增长，年均复合增长率不低于50%。 净资产：近1年期末净资产为正。 股本总额：不低于0.2亿元。 基础层 营业收入：近两年的营业收入累计不低于0.1亿元，或因研发周期较长导致营业收入少于0.1亿元的，最近1期末净资产不少于0.3亿元。 净资产：每股净资产不低于1元/股。 股本总额：不少于0.05亿元。	上柜市场 营业收入：符合（1）近1年主营业务收入达4.6亿元，且较前1年增长；（2）最近经会计师核查验证或核阅财务报告之净值达1.39亿元且不低于股本2/3；（3）近1年经营现金流为正。 兴柜市场 未涉及。	全球市场层 营业收入：收入不少于4.89亿元。 总资产：近1年或3年中2年总资产不少于4.89亿元。 市值：无限售公众持股市值不低于1.3亿元。 资本市场层 未涉及。	标准层 未涉及。 增长层 净资产：不为负值。	未涉及。
市值标准	创新层 市值：最近有成交的60个做市或者集合竞价交易日的平均市值不低于6亿元；采取做市交易方式的，做市商家数不少于6家。 净资产：最近1年期末净资产不为负值。 股本总额：不少于0.5亿元。	未涉及。	全球市场层 市值：总市值不低于4.89亿元，且无限售公众持股市值不低于1.3亿元。 净利润：未涉及。 股本：未涉及。 资产、收入等：未涉及。 资本市场层 市值：总市值不低于3.26亿元，且无限售公众持股市值不低于0.98亿元。 净利润：未涉及。 股本：不少于0.26亿元。	标准层 市值：总市值不低于3.21亿元。 净资产：不少于0.13亿元 可流通股份市值：不低于0.32亿元 增长层 未涉及。	（1）总市值大于5.95亿元； （2）或总市值大于2.98亿元，且完成发行后市值与股本的比率大于200%； （3）或总市值大于2.98亿元，且近一年销售额大于0.18亿元，并在近两年平均增长率大于20%； （4）或总市值大于1.79亿元，且最近一年销售额大于0.6亿元（创业公司0.3亿元）； （5）或股本总额大于1.49亿元。

续表

	新三板	柜买中心	NASDAQ	JASDAQ	KOSDAQ
股本标准	未涉及。	未涉及。	全球市场层 股本：不少于 1.96 亿元。 市值：无限售公众持股市值不低于 1.17 亿元。 运营时间：不少于 2 年。 资本市场层 股本：不少于 0.33 亿元。 市值：无限售公众持股市值不低于 0.98 亿元。 运营时间：不少于 2 年。	标准层 未涉及。 增长层 未涉及。	标准公司 未涉及。① 科技增长公司 股本总额：不少于 0.06 亿元。

五、初级交易所交易机制及持续监管制度比较

除一级市场的准入制度外，二级市场投资者、交易模式、公司治理和信息披露等制度都会显著影响挂牌股票的流动性，此部分对初级交易所上述相关规定进行对比分析（见表4）。

（一）投资者和交易模式

新三板对个人投资者实施适当性管理规定，基础层、创新层投资者准入门槛分别为 200 万元和 100 万元。其他交易所未对个人投资者准入门槛进行类似规定。AIM 甚至强调零售投资者是其主要客户群体，能够保障二级市场具备充足的流动性。② 初级交易市场如此重视二级市场流动的主要原因：一级、二级市场并非完全割裂，二级市场流动性不足会减少发行人在一级市场的估值。

为保障二级市场的流动性，初级交易市场都会设置公众股东标准。新三板创新层要求公众股东数量大于 50 人；台湾地区柜买中心上柜市场要求内部人

---

① KOSDAQ 市场准入标准中设置了"股票分派要求"，该要求包含3个选择性标准，满足其一即符合"股票分派要求"，其中一项标准包含对股本总额要求，但该标准是作为"股票分派要求"的指标之一，未被当做"管理业绩或者市场价值"的要求，因此本文未将其纳入财务标准进行分析。

② LSE, 2015. A Guide to AIM. 个人投资者仅占 LSE 主板交易量的2%，而占 AIM 交易量的20%~25%，参见 https://aim-watch.com/articles/lse-auctions-explained/。

以外的记名股东不少于 300 人，且外部股东所持股份总额占发行股份总额 20% 以上或者超过 1000 万股。

NASDAQ 全球市场层要求公众股东数量大于 400 人，持股总数大于 110 万股；资本市场层则要求公众股东数量大于 300 人，持股总数大于 100 万股。二者在股东数量和持股总数方面的差异并不大。与财务指标相比，TSX Venture 在公众股东方面的要求更为严格，层次 1 要求公众股东数量大于 250 人，且持股总数超过 100 万股或股本总额的 20%；层次 2 要求公众股东数量大于 200 人，且持股总数超过 50 万股或股本总额的 20%。

JASDAQ 标准层和增长层都要求公众股东数量大于 200 人，且持股总数超过 10 万股或股本总额 10% 的较高者。KOADAQ 要求企业满足以下两项公众股东标准之一：第一，公众股东数量大于 500 人，且持股比例大于股本总额的 25%；第二，公众股东数量大于 500 人，且持股比例大于股本总额 10% 与 100 万股①、200 万股②和 300 万股③较高者。AIM 未设计任何公众股东标准。

初级交易市场基本采用与高级交易市场一致的交易模式。新三板基础层和创新层挂牌企业，能选择做市交易或集合竞价交易。台湾地区柜买中心兴柜市场挂牌企业仅能通过做市商进行交易。

(二) 持续披露和公司治理

持续披露和公司治理是二级市场上保障上市公司质量的核心制度。公司治理本质是减少公司大股东与小股东、股东与董事之间委托代理产生的信息不对称，良好的公司治理制度能更加有效解决信息问题，实现信息分层目的。初级交易所特有的公司治理安排是主办券商制度，其中 AIM、新三板和台湾柜买中心强制要求挂牌企业聘请主办券商，TSX Venture 仅做建议性规定，而 NASDAQ、JASDAQ 和 KOSDAQ 并未进行相关规定。而持续性规定的差异主要体现在定期报告的披露频次上，仅新三板创新层和基础层豁免挂牌企业季度报告披露义务，其他初级交易所仅在报告内容上放松规定。

根据适用不同的公司治理规则进行市场分层的代表性交易所包括伦敦证券交易所与东京证券交易所。伦敦证券交易所主板的三层市场与 AIM 市场在公司

---

① 发行人企业股本在 500 亿韩圆以上 1000 亿韩圆以下；或市值在 1000 亿韩圆以上 2000 亿韩圆以下。
② 发行人企业股本在 1000 亿韩圆以上 2500 亿韩圆以下；或市值在 2000 亿韩圆以上 5000 亿韩圆以下。
③ 股本在 2500 亿韩圆以上；或市值在 5000 亿韩圆以上。

治理规则的适用上差异较大，主板市场的公司需要符合英国公司治理准则，AIM 市场的公司只需符合《AIM 规则》即可。东京证券交易所计划自 2022 年 4 月起实行新的分层制度，重新将市场划分为三层，每一层适用不同严格程度的公司治理规则。①

持续披露与公司治理可以形成互补的制度组合，在维持合理的合规成本下，降低投资者与挂牌企业之间的信息不对称。对于中小企业来说，严格的信息披露与公司治理要求会带来高昂的合规成本，阻碍它们通过初级交易所进行股权融资。AIM 市场就采取了富有借鉴意义的制度组合。一方面，其设置很低的财务准入门槛和信息披露要求，并且建立"遵守或解释"（Comply or Explain）的公司治理原则，允许挂牌企业选择性排除（Opt-out）部分守法成本较高的公司治理规则，显著地降低了挂牌企业的守法成本。另一方面，AIM 通过两方面的外部治理规定，提高对投资者的保护。第一，挂牌企业必须选任"主办顾问"，后者承担着"看门人"的功能，系统确保挂牌企业合规经营。第二，加强证券执法投入，提高执法效能，打击违法违规行为。根据相关实证研究，英国证券监管机构的标准化预算和雇员规模投入较高，分别为 20 和 80000，公共执法投入位于主要证券市场的前列。②

---

① 参见 Tokyo Stock Exchange, Overview of the Market Structure Review Outline of the New Market Segments, February 21, 2020。

② 标准化雇员等于监管机构雇员数量除以东道国人口（百万人），而标准化预算等于监管机构年度预算除以 GDP（十亿美元）。根据 2017 年证监会披露的相关信息，我国标准化雇员和预算分别为 0.23 和 2000。其他国家数据参见 Jackson, Howell E., and Mark J. Roe. Public and Private Enforcement of Securities Laws: Resource-Based Evidence [J]. Journal of Financial Economics, 2009, 93 (2): 207-238。

表 4 投资者、信息披露和公司治理制度比较

	新三板	柜买中心	NASDAQ	JASDAQ	KOSDAQ	AIM	TSX Venture
公众股东持股	创新层：股东数量不小于 50 人。	上柜市场：公司内部人持股大于 50%的法人，内部人以外的记名股东人数不少于 300 人，且所持股份占总额 20%以上或超过 1000 万股。兴柜市场：无限制。	全球市场层：大于 110 万股，且股东数量大于 400 人。资本市场层：大于 100 万股，且股东数量大于 300 人。	标准层：十万股或股本总额 10%较高者；且股东数量大于 200 人。增长层：十万股或股本总额 10%较高者；且股东数量大于 200 人。	标准 1：大于股本总额 25%，且股东数量大于 500 人；标准 2：大于股本总额 10%与 100 万股②和 300 万股③较高者，且股东数量大于 500 人。	未涉及。	层次 1：100 万股，股本总额的 20%，且数量大于 250 人。层次 2：50 万股，股本总额的 20%，且数量大于 200 人。
个人投资者适当性	创新层：100 万元金融资产。基础层：200 万元金融资产。	无限制。	无限制。	无限制。	无限制。	无限制。	无限制。
交易模式	基础层、创新层：做市交易或集合竞价。	上柜市场：竞价、协议、做市商。兴柜市场：做市商。	与主板保持一致。	与主板保持一致。	与主板保持一致。④	做市。	与主板保持一致。

① 发行人企业股本在 500 亿韩圆以上 1000 亿韩圆以下；或市值在 1000 亿韩圆以上 2000 亿韩圆以下。
② 发行人企业股本在 1000 亿韩圆以上 2500 亿韩圆以下；或市值在 2000 亿韩圆以上 5000 亿韩圆以下。
③ 股本在 2500 亿韩圆以上；或市值在 5000 亿韩圆以上。
④ 参见 Shin, Inseok. Evolution of the KOSDAQ Stock Market: Evaluation and Policy Issues [R]. Capital Markets in Asia: Changing Roles for Economic Development (2005)。

续表

	新三板	柜买中心	NASDAQ	JASDAQ	KOSDAQ	AIM	TSX Venture
主办券商	强制要求	强制要求	无要求	无要求①	无要求	强制要求	非强制要求
定期披露频次	创新层、基础层：年度报告和半年度报告。	上柜市场：与主板市场一致。兴柜市场：报告较主板市场宽松。	年度报告季度报告、临时报告。	与主板保持一致，年度报告季度报告、临时报告。	与主板保持一致，年度报告、季度报告、临时报告。	半年报披露资产负债表、损益表和现金流量表，并包含上年同期情况；年报披露年度审计报告和超过一定标准的关联交易和董事酬金。	与主板保持一致，年度报告季度报告、临时报告。

① 参见 Granier, Caroline, Valérie Revest, and Alessandro Sapio. How do Financial Markets Adapt? An Institutional Comparison between European and Japanese Junior Stock Markets, 2017。

六、我国多层次资本市场的改革建议

从域外四十余年多层次资本市场建设经验看,初级交易所发展并非一帆风顺,我国新三板同样在解决中小企业融资堵点方面遇到重重困难挑战。上海和深圳证券交易所分别设置科创板和创业板,优质的创新创业型中小企业拥有更多元化的上市选择。虽然北交所设立后,可以在一定程度上缓解我国初级交易所发展面临的困境,但若想实现初级交易所与高级交易所良性错位发展,需要进一步提升流动性、交易所声誉资本和降低挂牌成本,与主板市场形成市值—成本的分离均衡。总之,主板市场上市和维持收益较高,承担更高上市成本;而新三板挂牌企业则维持合理的挂牌收益和成本。

在具体改革措施方面,首先,应当进一步提升相关市场流动性。初级交易所因定位于解决中小企业融资困境,二级市场流动性天然低于主板市场,这也被视为初级交易所发展壮大的主要障碍。提高新三板流动性可以从以下三方面入手:第一,降低合格个人投资者标准、拓宽合格机构投资者范围;第二,在新三板各层次内,全面推开连续竞价和做市相结合的交易模式,在落实主办券商责任基础上增加主办券商数量;第三,全面减免新三板交易税费。

其次,适当放宽相关市场财务准入要求,提供更为灵活的公司治理和信息披露制度安排。市场分层目的是通过对信息不对称程度进行分组,实现差异化的均衡估值和挂牌成本。财务准入指标的硬性要求仅是实现分离均衡的工具,高准入标准客观上要求拟挂牌公司具备履行信息披露义务能力,负担得起高标准信息披露和监管合规成本。新三板主要服务于中小企业,挂牌公司信息不对称程度必然高于主板,以财务准入标准限制改善信息不对称问题将背离服务中小企业初衷。

最后,进一步降低相关市场发行和维持成本。初级交易所挂牌公司无法享受融资的规模收益。从成本收益分析角度看,挂牌和维持成本应当保持较低水平。新三板一方面可以进一步减少定期报告披露频次,制定简式半年报披露规则;另一方面,引入"遵守或解释原则",坐实主办券商"看门人"责任。上述规则组合相辅相成,降低信息披露成本同时落实主办券商督导义务,避免挂牌企业反复承担合规成本。

SPAC 境外发展现状及趋势

王雪松　贾　婧[*]

摘　要：SPAC 是一种通过首次公开发行筹集资金并上市后收购未上市实体企业的创新资本市场工具。继美国之后，境外主要证券交易所先后引入或修改 SPAC 上市规则。研究认为，由于 SPAC 上市机制对未上市实体企业、投资机构以及二级市场投资者存在吸引力，境外主要证券交易所积极引入 SPAC 是应对日趋激烈竞争的必然选择。但是，SPAC 机制要高效运转，需要注意降低实体企业上市综合成本、吸引坚持长期价值投资的发起人、保护公众投资者合法权益。我国拥有全球规模领先的股权投资基金市场，如能对 SPAC 机制善加利用，无疑会为资本市场建设提供新路径，给优质新经济企业上市提供快车道。

关键词：SPAC　证券交易所竞争　长期价值投资

自美股产生 SPAC 热潮以来，全球主要证券交易所都在积极推进 SPAC 上市机制。2021 年 4 月，英国金融行为监管局就 SPAC 上市规则修订展开咨询，8 月修订后的规则生效；新规不再要求 SPAC 公司在披露交易计划时暂停上市，并降低首次上市时需要筹集的最低金额至 1 亿英镑。新加坡证券交易所（以下简称新交所）也在积极推进 SPAC 上市机制，3 月末就引入 SPAC 上市机制公开征求意见后，于 9 月 2 日正式发布 SPAC 主板上市规则，成为继韩国和马来西亚两国证券交易所之后，第三个引入 SPAC 的亚洲证券交易所。中国香

---

[*] 王雪松，中关村大河并购重组研究院院长，中国证监会市场部原副主任；贾婧，中关村大河并购重组研究院研究总监，深圳证券交易所应用经济学博士后。

港也紧随其后。9月17日，香港交易及结算所有限公司（以下简称港交所）发布《有关收购特殊目的公司（SPAC）咨询文件》，并征询市场意见。11月2日市场咨询期结束，港交所正在综合各方意见、检视推行SPAC上市机制。境外主要证券交易所为何积极引入SPAC上市机制、对我国多层次资本市场建设的影响如何，引发多方关注。

一、SPAC概述

SPAC是一种通过首次公开发行（IPO）筹集资金并上市后收购未上市实体企业的创新资本市场工具。首先，发起人设立一个特殊目的公司，该公司是无实际经营业务的现金壳公司，公司上市的唯一目的就是在一定时间（通常不超过36个月）内并购特定行业的公司。发起人以很低的代价取得公司通常约20%的股份，这部分持股被称为"发起人激励"。壳公司发行证券单元①上市后，就开始寻找实体公司并完成合并或反向收购，让渡自己的上市身份及现金壳。找到拟并购的标的公司后，发起人将准备投票委托书、路演、召开股东会等多个事项。当股东投票同意并购后，壳公司就将标的公司装入并更名，从而标的公司"借壳上市"成功，并以新的证券代码和证券名称在二级市场上市交易。如果股东未批准本次并购且尚在规定的并购期限内，则发起人可以重新寻找并购目标；如果股东未批准本次并购且期限已满，则SPAC清盘解散，在IPO中募集的资金及相应利息将按照持股比例退还给公众投资者。

2020年，美国共有248家SPAC公开发行，同比增长320%，占当年美国IPO数量的53%，首次超越传统的IPO数量，SPAC上市模式顿时成为世界各大证券交易所关注的热点。2021年第一季度，美国共有298家公司实现SPAC IPO，已超过2020年全年上市的SPAC数量，占美国第一季度IPO总量的75%。但随着SEC加强SPAC监管，新增SPAC上市公司数量走低。2021年4月至9月，月均增加公司数量均不超过30家。但即使如此，截至9月末，美国通过SPAC模式上市的公司数占同期美国IPO数量的59%，SPAC IPO募资规模合计1290亿美元，De-SPAC并购价值合计为3330亿美元；SPAC仍是美国资本市场的重要组成。

---

① 通常情况下，一个证券单元包含一股普通股和一定数量的认股权证；在持有证券单元一段时间后，普通股和认股权证可以分开交易。当并购完成后，拥有认股权证的投资者可通过行权认购股份。

SPAC的热度也传导到亚洲。韩国证券期货交易所和马来西亚证券交易所重申允许SPAC上市。2021年3月末，新交所就引入SPAC上市机制公开征求意见；同年9月，新交所正式开始允许SPAC在其主板公开上市。港交所也在多次表达对SPAC上市机制的关注后于2021年9月展开为期45天的咨询，预期正式规则将很快落地。此外，不少SPAC的发起人正在亚洲寻找投资机会，而亚洲的投资人也在争相推出自己的SPAC赴美上市，一些亚洲的生物医药、新经济领域的独角兽或准独角兽公司也对SPAC上市方式表现出浓厚的兴趣。

二、证券交易所引入SPAC是应对竞争的必然选择

在经济全球化的大背景下，吸引优质企业上市，是证券交易所提升国际影响力和竞争力的主要途径之一。例如，为吸引独角兽企业到证券交易所挂牌，纽约证券交易所于2018年推出不发行新股、允许原有股东老股挂牌出售的直接上市方式，从而获得流媒体音乐服务商Spotify、企业即时通信软件公司Slack、团队管理软件公司Asana和大数据分析公司Palantir等行业优质企业的青睐。

随着技术环境的变换、新经济的发展，大量创新创业公司在私募市场开启融资，很少有公司在完全不引入投资机构的情况下直接开启IPO申请。私募市场的蓬勃发展在孕育出大量独角兽企业的同时，也让投资机构对公司是否上市、在何处上市拥有一定的话语权；投资机构也会为实现上市退出，推动企业去挂牌上市。因此，证券交易所对上市资源的争夺，开始向投资机构延伸。

SPAC上市机制对企业、投资机构以及二级市场投资者都较有吸引力；引入SPAC机制，有助于证券交易所吸引优质企业、吸引优秀投资机构，给公众投资者提供更多的投资选择和投资机会，从而提升证券交易所的影响力和竞争力。伦敦、新加坡、中国香港等国家或地区的证券交易所先后修改或引入SPAC机制是在面临竞争下的必然选择。

（一）SPAC上市机制有利于创新型企业快速融资

一是上市可预期性更强、价格确定性更高。近期，在传统IPO中，"IPO抑价"现象越来越严重。2020年，美国IPO首日平均回报率为41.6%，也就是说首发价格几乎下降一半，被低估的价值据估算大概有340亿美元，相当于每宗IPO在"IPO抑价"这一个方面就支付出约2亿美元的成本。如果通过

De-SPAC 的方式进入资本市场，在并购协商背景下标的企业价格是确定的，可避免 IPO 抑价现象的出现。此外，由于不存在路演询价，叠加股东投票方面双重股权等结构设计，采用 De-SPAC 方式的上市成功确定性通常高于传统 IPO。

二是降低创新型中小企业进入二级市场的难度。传统 IPO 制度设计有利于规模较大、商业模式成熟、安全性较高的企业进入二级市场；中小企业，特别是创新型中小企业需要在一级市场成长到一定规模后才能 IPO 并获得在二级市场上再融资、流动性等方面的便利。SPAC 方式，让规模和收入相对较低的企业获得上市的机会。以 2003 年以来美国上市企业上市后第四年的财报数据为例，传统 IPO 下，企业收入的中位数为 1.68 亿美元；而 De-SPAC 企业收入的中位数为 1.28 亿美元，De-SPAC 上市企业的收入略低。但通过 De-SPAC 上市企业的收入增长速度并不逊于传统 IPO 上市企业。以上市后 3 年的收入增长率为例，De-SPAC 企业收入的平均增长率为 156%，传统 IPO 下的为 123%[①]。

三是可发布前瞻性信息让市场了解企业情况。由于 De-SPAC 属于收购，按照美国证券法的相关规定，收购标的是可以披露未来 5 年的财务预测的。但是在传统 IPO 招股说明书中，这些前瞻性信息的提供是有较多限制性条件的；散户和个人投资者一般无法通过 IPO 招股书了解公司的财务预测情况。前瞻性信息的描述有助于市场更了解企业的情况，特别是当并购标的企业是一个处于新业态或者拥有一个新产品的时候，前瞻性信息的披露有助于市场了解公司增长潜力，促成 De-SPAC 的完成、实现上市目的，也有助于上市后公司的市值成长。因此，对于前沿技术研发、生物医药等新兴企业来说，SPAC 上市方式更具吸引力。

（二）SPAC 上市机制有利于投资机构发挥专业价值

一是能将发起人的专业投资能力快速变现。SPAC 的发起人通常是私募基金管理人、金融机构或资深投资人（以下统称投资管理机构）。在传统模式下，投资管理机构在一级市场寻找有潜力的企业，以基金形式向企业投资并赋能，支持企业成长壮大后实现 IPO，再择机从二级市场实现投资退出。在这种情况下，不仅需要基金投资，而且基金需要较长时间才能退出。而利用 SPAC 模式，投资机构可以在 SPAC IPO 时从公开市场募集资金，并且以很小的对价

---

① 数据来源：Bai, Jessica and Ma, Angela and Zheng, Miles, Segmented Going-Public Markets and the Demand for SPACs (January 1, 2021)。参见 SSRN：https：//ssrn.com/abstract = 3746490 or http：//dx.doi.org/10.2139/ssrn.3746490。

获得SPAC公司中通常为20%的股份。De-SPAC完成后，按照并购协议的谈判内容，投资机构可以参与并购后公司的经营管理，通常具有较大话语权。其对企业的赋能和支持，可直接体现为公司股价上涨，投资机构在二级市场退出也十分便利。因此，投资机构通过SPAC上市可以充分发挥其投资能力：如果投资机构成功识别且并购一家成长型的公司，伴随着这家公司的成长，投资机构几乎无偿获得的"发起人激励"的市场价值会逐渐增高，锁定期过后，发起人就可以择时进行变现。

二是发起人可以根据资本市场形势有效利用资金。由于SPAC的上市速度较传统IPO快，抓住时间窗口实现标的公司的"借壳"上市后，发起人有机会取得较好的预期收益。特别是在市场流动性充裕的情况下，闲置资金快速找到实体资产，赋能投后，有效提高资金的运作效率，这也是2020年美国SPAC火热的主要原因之一。为应对疫情对经济的冲击，美联储采取极度宽松的货币政策，美国货币供应量爆发式增长，同比增长233%。截至2020年底，私募市场闲置资金达2.6万亿美元，创历史新高。与此同时，二级市场估值高企。以信息技术企业为例，过去二十年，其P/S中位数为6；2018—2019年，P/S中位数在10~11；而截至2020年，P/S中位数在24左右。

（三）SPAC上市机制有利于投资者获得更多投资机会

一是获得有安全下限的投资回报。参与SPAC IPO的投资者，所购买的证券单元包含股票和认股权证，按照现行规则，在SPAC上市后90天，股票和认股权证就可以分开交易。由于IPO募集资金中90%的资金被托管，并且只能投资于期限在180天以下的国债、州政府债券等低风险产品，所以在SPAC宣布拟并购企业前，公司股价不会有太大波动。投资者可以选择卖掉股票，持有认股权证，实现并购后再择机行权，获得并购标的市值红利。也就是说，购买SPAC IPO股票，类似于购买一个可转换债券，投资回报有下限保证，同时向上还有较大想象空间。2010—2018年，投资者购买新上市的SPAC股票的年化收益率中位数为9.3%。在2020年SPAC热之前，参与SPAC IPO的投资者主要是对冲基金等机构投资者，随着SPAC逐渐增加，有更多的公众投资者参与到这个阶段的投资中并获得相对稳定的收益。

二是有机会参与早期企业投资。购买完成De-SPAC后公司股票的投资者，其实就是参与这家被并购公司的投资，从而获得早期企业成长的红利。而在传统IPO中，早期企业的成长红利仅局限于一级市场的专业投资机构，这也是为什么 SPAC 有"穷人的私募"一称。近年来，贝恩资本、黑石、KKR、弘毅投资等全球知名投资机构都先后设立 SPAC，并购标的集中在信息技术、医疗健康、可选消费等新兴行业。例如，以色列最大互联网公司、全球第三大游戏广告平台 IronSource，美国硅谷生物类芯片供应商 Rockly Photonics Ltd，德国航空初创企业 Lilium 等都选择通过 De-SPAC 上市，公众投资者也通过这个方式获得投早投小的投资机会。

三、SPAC 机制高效运转的注意事项

有研究表明，并购后 SPAC 的收益低于指数。以 2018 年完成并购的 23 家 SPAC 为例，其一年持有收益为 -35%，三年持有收益为 -37.7%，均远低于同期的美股指数收益。综合来看，目前 SPAC 的发起人鱼龙混杂，有不少是以并购后退出为目的，从而导致并购项目的筛选参差不齐，拉低收益率；同时 SPAC 并购的项目偏早偏小，商业模式和企业业态较新，需要更长的时间才能实现正收益。SPAC 机制如果想长期高效运转，需要注意以下三个事项。

（一）灵活设置，降低实体企业上市的综合成本

如果将承销商佣金、发起人激励，以及认股权证等考虑在内的话，实体企业通过 SPAC 上市的综合成本较高。有研究将 2019 年 1 月至 2020 年 6 月完成并购的 47 只通过 SPAC 方式上市的公司和传统 IPO 的 131 家公司进行比较，发现通过 SPAC 上市的公司，其成本与当年收入的比在 50% 左右，高于传统 IPO 的 28%；成本与市值的比在 14% 左右，也高于传统 IPO 的 5%。

SPAC 上市综合成本的高企，一方面来自发起人激励对拟上市公司实体原股东权益的稀释。为缓解这一问题，新交所明确稀释不能高于 50%，且发起人股份不能超过 SPAC 上市总股份的 20%。港交所在其咨询文件中表示，发起人股份不能超过 SPAC 上市总股份的 30%。同时，SPAC 灵活的设置机制，也让发起人可自发降低发起人激励的比例来降低实体企业的综合上市成本。例如，潘兴广场旗下的一家 SPAC 就取消通常授予发起人的 20% 股份的发起人激励。此外，还有发起人将发起人激励从 20% 主动降至 5%，并参考并购后的股票价格走势进行调节，进一步降低实体企业上市的综合成本、减少发起人与其他股东的利益冲突。

SPAC 上市综合成本的高企，另一方面来自认股权证对拟上市公司实体原股东股份的稀释。在美国 SPAC 实践中，很多股东在 IPO 后赎回股份、保留认

股权证，然后在 De-SPAC 完成后，再通过认股权证行权认购股份，从而导致其他股东的股份被稀释。为减少稀释、降低 SPAC 上市模式下实体企业的综合成本，港交所在其咨询文件中表示，只有在 De-SPAC 投票中投反对票的股东才有权赎回公司股份。

（二）严把入口，吸引坚持长期价值投资的发起人

SPAC 机制简言之就是投资机构设立一个壳公司，上市后再并购一家企业，通常为反向收购的形式，从而实现目标企业的上市。在这种机制下，发起人的能力、声誉和投资导向十分重要。如果发起人具备良好的项目识别能力，有丰富的一级市场投资管理经验，准备长期持有 De-SPAC 后公司股票，陪伴企业长期成长，注重的是长期利益，那么 SPAC 这个机制就能正向运转：一方面帮助大量创新型、成长型企业登陆公开市场，推动其成长；另一方面也能让发起人变现其能力价值，同时也让公众投资者获得这类企业的成长红利。

但是如果发起人的目的在于资本运作，更关注在 De-SPAC 完成后快速退出，那么就可能存在高估标的企业价值、披露虚假信息等损害公众投资者的行为。2019 年 6 月，SEC 对一家 SPAC 的前 CEO 提起行政指控，缘由是在 SPAC 并购实体的过程中未进行适当的尽职调查，未向股东提供合并投票所需的重要、准确信息。在 De-SPAC 过程中，发起人表示并购标的拥有新技术且有广阔市场，但事实并非如此。

为避免短期套利的 SPAC 扰乱市场，各国家和地区也在不断强化对 SPAC 的监管。2020 年 12 月 SEC 发布 SPAC 信息披露的指引，2021 年 3 月要求在 De-SPAC 过程中公司、审计师等利益相关方必须严格履行自己的专业职责，提供高质量的财务信息。新交所在评估 SPAC 是否适合上市时，会考虑 SPAC 的创始股东的往绩记录和声誉以及其管理团队的经验和专业知识。港交所在其咨询文件中也表示，SPAC 发起人须符合适合性及资格规定，包括 SPAC 必须有至少一名 SPAC 发起人为香港证监会第六类（就机构融资提供意见）及/或第九类（提供资产管理）的持牌人，并持有至少 10% 发起人股份。同时，中国香港还鼓励拥有资产管理经验且至少连续三个财政年度的平均资产总额至少达 80 亿港元；或目前/曾经于恒生指数或同等指数成分股的发行人担任高级管理职位的人员作为 SPAC 的发起人。

（三）压实责任，保护公众投资者的合法权益

SPAC 的结构设置存在一些潜在的利益冲突。一是发起人和公众投资者之间的冲突。由于 SPAC 上市后完成并购的时间是有限的，通常不超过 36 个月，如果在限定时间内没有并购成功，发起人就要退回募集资金和相应利息，并承担这段时间 SPAC 运作的所有费用。发起人的声誉也会造成一定损失，再设立一个 SPAC 会受到影响。因此，发起人可能会为完成并购而匆忙寻找一家公司，而忽视公众投资者的长期利益。

二是承销商和公众投资者之间的冲突。在 SAPC 模式下，承销商收取的费用是分阶段支付的，通常是 SPAC 上市成功收取 2%，De-SPAC 成功后再收取 3.5%。为获得第二阶段的费用，承销商有动机在推荐拟并购标的时忽视标的公司的营运质量和未来发展前景，以促成交易为第一要务，从而损害公众投资者的利益。有研究发现，第二阶段的承销费用越高、De-SPAC 完成的可能性越大，但并购后公司的业绩表现也越差。

在 SPAC 的投资者中，公众投资者占大多数。以美国数据为例，SPAC 上市时，公众投资者、机构投资者和战略投资者的持股比例分别为 51.86%、37.77%和 10.37%。因此，引入 SPAC 机制，需要高度重视相关的利益冲突问题，以信息披露为抓手，压实发起人和中介机构的责任，保护公众投资者的合法权益。SEC 就如何对不同类型的潜在利益冲突进行披露进行指导。新交所要求任命独立评估机构对拟并购标的业务或资产进行评估，并将评估报告提交股东作为是否批准业务合并的参考。而港交所在其咨询文件中选择另外一种途径，即提议 SPAC 上市至 De-SPAC 之前，只有专业机构投资者和专业个人投资者能参与交易。

四、启示和建议

在传统的 IPO 中，企业家需要在投行等中介机构的配合下，向市场证明自己是一家"好"公司，从而实现募资并在公开市场挂牌上市。实践中，真正了解企业情况的往往并不是中介机构，而是在前期几轮融资中就参与投资，甚至在公司管理层中占有一定席位的投资机构。投资机构，无论是理论上还是实践中，有能力更准确地识别和判断一个企业的发展。依靠投资机构，SPAC 可以发掘和支持培育出更优质的上市企业。特别是在新经济企业快速发展背景下，由优秀投资机构主导的 IPO 有助于提高上市公司质量、增加公众投资者的

投资收益，从而提高证券交易所的影响力和竞争力。这也是新加坡、英国、中国香港等国家和地区的证券交易所均对 SPAC 上市形式高度关注并相继开展相关规则咨询及制定的重要原因。

截至 2021 年 7 月 13 日，有 25 家总部位于中国内地、港澳台地区的 SPAC 在美国上市，首次公开发售所得款项共约 42 亿美元。其中 20 家公司的总部设于中国香港、5 家的总部设于中国内地。此外，还有数家总部不在这些地点的 SPAC 也是以大中华区为业务重心。而截至 2021 年 11 月 8 日，在美国上市的 SPAC 中还有 537 个、价值约 1480 亿美元的壳公司在寻找并购标的。随着北美市场可并购标的数量的减少，越来越多的发起人开始在全球寻找目标，亚洲也是 SPAC 发起人重点考量的区域之一。

当亚洲的优秀企业进入美国 SPAC 的并购视野后，亚洲证券交易所的竞争压力日益增加。据不完全统计，新交所和港交所分别有约 98.7% 和 96.9% 的市值来自业务位于大中华区或亚洲地区的公司。借助 SPAC 的方式，可将大中华区或亚洲地区有成长潜力的公司，特别是新经济、生物科技和医疗保健领域的优秀公司继续吸引到新交所或港交所，有利于两个证券交易所在世界资本市场的竞争中保持其市场地位。

目前，我国科技型中小企业、高新技术企业的数量已经突破 20 万家，其数量和体量之巨大，既反映中国作为世界上最大经济体及创新型国家的特质，也无疑对我国多层次资本市场体系建设提出更多要求。另外，顺应我国创新型经济发展的需要，经过多年发展，我国已形成规模庞大的股权投资基金市场，目前我国拥有私募基金管理人 24512 家，管理基金 117484 只，管理规模 19.18 万亿元人民币，为全球之最，其中不乏对于新经济企业投资颇有经验的优质投资机构。

但从资金利用效率方面来看，我国私募投资基金退出路径单一，资金退出渠道不畅，有逾七成的私募股权投资扎堆通过传统 IPO 途径实现退出，资金使用效率难以满足科技创新企业对创新资本的需求。新交所 SPAC 规则已经落地，如果港交所在近期正式落地 SPAC 机制，将吸引我国投资机构在新加坡或香港设立 SPAC，或推动将所投项目通过 De-SPAC 在新交所或港交所退出。在短期内，可能会对境内证券交易所的上市资源挖掘造成一定压力。

北京证券交易所是服务创新型中小企业的主阵地，而所有创新型企业均面临着穿越死亡之谷的问题。SPAC 机制，一方面可以借助优秀投资机构的力量，帮助创新型中小企业在发展的关键节点登陆资本市场，借助资本的力量跨过死亡之谷；另一方面也改变了投资机构的投资及退出生态，推动投资机构的投资阶段向更早期前移，推动投资机构与产业更紧密地结合。与此同时，全球证券交易所均在不断丰富和拓宽上市方式，建议结合创新型中小企业的发展规律及其登陆资本市场的诉求，深入分析 SPAC 模式的设计逻辑，研判在北京证券交易所试点 SPAC 的可行性。

股票流动性提供机制研究

陈建波[*]

摘 要：近年来，一种新型流动性提供机制——流动性合同制度在部分欧盟国家证券市场逐步得到应用。在流动性合同制度下，金融中介使用发行人提供的资金以发行人名义交易发行人股票，发行人按约定支付服务费用。本文对欧盟股票流动性合同制度与实践进行了研究，发现这一制度在业务本质、权利义务关系、报价机制、风险承担机制、收益报酬机制等方面与传统做市交易制度存在显著不同，在一定程度上能够解决传统做市商做市意愿不足、积极性不高问题。

关键词：做市商 流动性 合同模式

从全球范围看，近十余年来传统股票做市交易的市场生态日益恶化，这主要是由于技术进步和监管政策变化，股票市场保留了做市商承担的义务，但承担这些义务对应的回报却大幅减少，做市商权利与义务的不平衡加剧，传统做市业务变得无利可图，做市业务收益难以激励做市商冒风险投入资本，因此多数做市商减少了做市活动或完全退出做市业务。尤其对于小规模公司股票，这一问题更为显著，投资者交易意愿低，股票交易量、流动性等方面与大规模公司差距较大，交易少导致利润率小，做市商通常不愿意投入资本做市，导致这类股票的流动性进一步降低。由此，各国（地区）股票市场普遍采取针对做市商的激励措施，传统的激励手段包括降低交易税费、交易费用返还以及额外的现金奖励。为增加激励资金来源，欧洲部分证券交易所在与做市商签订做市协

---

[*] 陈建波，全国中小企业股份转让系统有限责任公司、北京证券交易所研究部副总监。

议的基础上，允许发行人与其做市商约定高于交易场所规定的报价责任并支付报酬。此外，为提升中小企业股票交易流动性，欧盟证券监管部门正在探索一种全新的流动性提供机制，这一制度与传统的做市交易制度显著不同，作为一种辅助提供流动性机制，试图解决传统做市商做市意愿不足、积极性不高的问题。

一、制度简介

（一）概念界定

从全球范围看，股票流动性提供机制有两种模式，一种是做市商制度（Market Maker），另一种是流动性合同制度（Liquidity Contracts）。做市商制度是传统流动性提供机制，也是当前使用最为广泛的模式。在做市商制度下，做市商（部分证券市场也称为流动性提供者）与交易场所之间形成协议，约定为特定股票提供双向报价，其中有部分证券市场采用双协议模式，即交易场所与做市商/流动性提供者签订协议，同时发行人与做市商/流动性提供者签订协议，可以约定高于交易场所规定的报价责任并支付服务费用。流动性合同制度近年来在欧盟国家证券市场逐步探索应用，在这一模式下发行人与金融中介签订协议，金融中介充当流动性提供者以发行人名义交易发行人股票，不要求同时提交双边报价，无价差限制要求，发行人按合同约定向金融中介支付服务费用。

（二）法规依据

流动性合同制度依据欧盟法规授权而诞生。欧盟《市场滥用规定》第15条明确禁止市场操纵行为，但第13条将"认可市场实践"（Accepted Market Practice，AMP）作为例外情形，授权欧盟成员国根据第13条的标准建立本国的"市场认可实践"。成员国"市场认可实践"经欧洲证券及市场管理局（ESMA）评估同意后，该国证券市场发行人可以基于提高证券流动性的目的与金融中介签订流动性合同协议，金融中介基于合同约定在股票二级市场提交订单、执行交易的行为，不属于市场操纵行为。ESMA主要依据《市场滥用规定》第13条设定的标准评估成员国"认可市场实践"的可行性，主要标准包括：一是具有较高透明度；二是具有平衡市场买卖力量的保障措施；三是对市场流动性和效率有积极影响；四是充分考虑相关市场的交易机制，使市场参与者及时适应新的市场状况；五是不会导致市场诚信风险。

(三) 主要特点

流动性合同制度和做市商制度均属于流动性提供机制，目标是提升股票的流动性，但两者在业务本质、权利义务关系、风险承担机制、收益报酬机制等方面显著不同（见表1）。

1. 业务本质属性不同。做市商制度是最传统的流动性提升机制，本质上是一种交易机制创新；流动性合同制度，本质上是一种流动性辅助机制，不影响股票原有的交易机制，不属于交易机制创新。

2. 权利义务关系不同。在实施做市商制度的市场，权利义务双方分别是做市商和交易场所，股票必须有做市商提供报价服务；在实施流动性合同制度的市场，权利义务双方分别是流动性提供者和发行人，由发行人主动发起，实施时间由发行人决定，一只股票一般只有一家金融中介作为流动性提供者。

3. 报价机制不同。做市模式要求做市商/流动性提供者持续提供双边报价，满足报价时间和报价价差要求；流动性合同制度下流动性提供者需要向订单薄双边提交订单，但不要求同时提交对称订单，无报价价差限制。

4. 风险承担机制不同。在做市商制度下，提供流动性所需证券和资金由做市商负担，做市商以自己账户报价交易并承担做市盈亏风险；流动性合同制度下，提供流动性所需证券和资金由发行人提供，流动性提供者以发行人名义账户交易，不承担交易盈亏风险。

5. 收益报酬机制不同。在做市商制度下，做市商收益主要来自买卖价差和交易场所激励佣金返还，在部分证券市场做市商可获得发行人提供的服务费用；在流动性合同制度下，流动性提供者收益主要来自发行人支付的报酬。

表1 流动性合同制度与做市模式比较

类别	流动性合同制度	做市模式	
		单协议模式	双协议模式
主体称谓	流动性提供者	做市商或流动性提供者	做市商或流动性提供者
协议双方	发行人与流动性提供者，单只股票只能与一家机构签订合同	交易场所与做市商/流动性提供者签订协议	交易场所与做市商/流动性提供者协议；同时发行人与做市商/流动性提供者签订协议，可以约定高于交易场所规定的报价责任

续表

类别	流动性合同制度	做市模式	
		单协议模式	双协议模式
报价要求	不要求同时提交双边对称订单，无价差要求	持续双向报价，有价差限制	持续双向报价，有价差限制
账户主体	发行人名义开立	做市商/流动性提供者	做市商/流动性提供者
股票/资金	由发行人提供	做市商/流动性提供者自筹	做市商/流动性提供者自筹
报酬支付	由发行人支付	交易费用返还或其他补偿	由发行人支付报酬
主要市场	西班牙、葡萄牙、意大利和法国，以及欧盟中小企业成长市场（计划实施）	其他证券市场	First North Market，Nasdaq Helsinki，哥本哈根证券交易所，斯德哥尔摩证券交易所，法兰克福 Xetra 平台

资料来源：根据欧盟证券市场法规整理。

（四）风险特征

实施流动性合同制度有利于辅助提升市场流动性，但在制度设计上需要配套风控手段防范可能出现的风险。制度运行可能出现的风险包括：一是发行人可能基于特定目的指示金融中介在敏感期进行交易，从而影响股价；二是提供流动性的金融中介可能倾向于单边交易，比如仅执行买入操作或买入量远大于卖出量，最终导致订单不平衡和股票价格大幅单方向波动；三是提供流动性的金融中介可能在市场中获得主导地位，进而造成市场交易的扭曲效应；四是在评估流动性合同制度较市场自然交易带来的流动性增量时，可能因缺乏透明度等原因，存在一定难度；五是若服务费用与某一指标挂钩，则金融中介为获取更多报酬有动机进行非独立性交易，有可能损害市场效率和交易公允性。

二、欧盟流动性合同制度实践及其风控手段

（一）"认可市场实践"路径下的流动性合同制度

根据欧盟法规，欧盟成员国若依据《市场滥用规定》第13条"认可市场实践"条款，实施流动性合同制度，必须提前3个月将方案报送欧洲证券及市场管理局（ESMA）评估，ESMA在收到报告后2个月内完成评估并明确具体意见。为确保上述评估标准更具操作性，指导各成员国运用流动性合同制度，ESMA通过公开发布意见的形式明确关于流动性合同"市场认可实践"的

具体条件和限制要求。

1. 交易报价限制。金融中介报价行为需满足以下要求：报买价格不高于上一笔独立成交价和订单簿中独立买单最高价；报卖价格不低于上一笔独立成交价和订单簿中独立卖单最低价。这一规定可以有效避免金融中介的报价行对价格趋势产生影响，避免对市场正常运行造成负面影响或误导第三方。

2. 交易量限制。对于非流动性股票（Illiquid Shares）、流动性股票（Liquid Shares）、高流动性股票，金融中介交易量[①]分别不超过前20至30个交易日日均成交量的25%、15%、5%。对于流动性极差的股票，日均成交量比例限制可能使金融中介无法有效提供流动性，通常采用固定金额标准对交易量进行限制。

3. 资金和股票投入限制。为避免金融中介获得主导市场的地位，发行人资金账户和股票账户合计投入的资源数量须与流动性合同目标相适应。对于非流动性股票，投入资源合计不超过股票日均交易量的500%或者已发行股票的1%且不超过100万欧元；对于流动性股票，投入资源合计不超过股票日均成交量的200%且不超过2000万欧元；对于高流动性股票，投入资源合计不超过股票日均成交量的75%或100%且不超过5000万欧元。

4. 独立性要求。流动性提供者必须是受监管的金融中介，并申请成为证券交易场所的会员。金融中介须与发行人相互独立，发行人无法控制金融中介或对其实施重大影响。金融中介须能够将作为流动性提供者的订单交易与其他交易活动区分，并保存记录至少5年。发行人向流动性提供者支付固定报酬。

5. 透明度要求。流动性合同订立时需要公开披露合同双方、提供流动性期限、用于提供流动性的现金和证券数量等基本信息。合同成立后需要定期披露交易执行笔数、交易总量、平均交易规模和价差等信息。

当前，依据欧盟"认可市场实践"而采用流动性合同制度的市场主要有4个，分别是西班牙、葡萄牙、意大利和法国4个国家证券市场。一是西班牙根据欧洲证券及市场管理局（ESMA）最新监管要求，对本国流动性合同制度进行修订并于2019年7月报告ESMA，目前该国共有42只股票采用流动性合同制度，均在马德里证券交易所。二是葡萄牙于2017年9月对其流动性合同制度进行修订并沿用至今，目前该国有1只股票采用流动性合同制度，在里斯本泛

---

① 按买入成交和卖出成交累计计算，非净额计算。

欧交易所上市。三是意大利曾有 8 只股票采用流动性合同制度，2020 年 5 月实施新的流动性合同制度后相关合同终止，有 3 只股票采用新的合同。四是法国于 2019 年 1 月实施新的流动性合同制度，目前该国有 422 只股票采用流动性合同制度（见表2），分别在巴黎泛欧交易所（Euronext Paris）和巴黎泛欧成长市场（Euronext Growth Paris），其中前者为欧盟受监管市场，后者为多边交易设施。

表 2　流动性合同制度在法国运用情况

交易场所	流动性合同总数	流动性股票数量	非流动性股票数量
Euronext Growth Paris	111	3	108
Euronext Paris	311	105	206
合计	422	108	314
占比		25.5%	74.5%

资料来源：Report To the European Commission on the application of accepted market practices，2020 年 12 月。

（二）欧盟中小企业成长市场拟采用升级版的流动性合同制度

由于通过"认可市场实践"（AMP）路径实施流动性合同制度，需要各成员国主动申请并经欧洲证券及市场管理局（ESMA）评估同意，目前只有少数国家采用这一模式，欧盟很多中小企业成长市场（SME Growth Market）无法采用这一制度。为促进欧盟中小企业更好地利用中小企业成长市场，欧盟计划将流动性合同制度推广至欧盟区域所有的中小企业成长市场。

2019 年 11 月，欧盟发布《中小企业成长市场规定》，对《市场滥用规定》第 13 条进行补充，规定中小企业成长市场发行人在满足一定条件下可以为其上市交易的金融工具签订流动性合同。具体条件包括：一是流动性合同条款符合《市场滥用规定》和《欧盟委员会授权条例 2016/908》关于"认可市场实践"的规定；二是流动性合同符合欧盟对合同模板的要求；三是流动性提供者经主管机构批准并成为中小企业成长市场的会员；四是发行人向中小企业成长市场提交流动性合同副本，合同条款已获交易场所同意。《中小企业成长市场规定》要求欧洲证券及市场管理局起草流动性合同监管技术标准及其合同范本。目前，欧洲证券及市场管理局已起草完成监管技术标准和合同范本，完成向公众征求意见工作，并计划提交欧盟委员会审议，审议通过后欧盟中小企业成长市场均可采用流动性合同制度。欧盟拟定的监管技术标准，通过设置一些门槛和条件，为实施流动性合同制度提供安全港，具体的风险控制手段主要包括以下方面。

1. 流动性账户方面。以发行人名义开立专用流动性资金和证券账户，由流动性提供者负责使用和交易操作。设置专用账户，可以达到以下效果：（1）能够将用于提供流动性的资金、股票与发行人和流动性提供者的其他资金、股票分开；（2）便于记录和监控流动性提供者交易执行情况；（3）管理和监控资金和股票使用情况，确保可用资金和股票能够持续满足流动性服务需要。

2. 资金和股票投入方面。为实现在提供流动性的同时不对股价造成人为改变，通常要对投入的资金和股票数量进行限制。在设定具体标准时，要考虑股票本身的流动性状况，通常限额设定为股票日均交易量的一定比例。欧盟针对中小企业成长市场拟设定的标准：对于非流动性股票，不超过日均成交量的500%且不超过100万欧元；对于流动性股票，不超过日均成交量的200%且不超过200万欧元；对于日均成交量特别低的非流动性股票，设置单一标准50万欧元。

3. 独立性方面。在流动性合同制度中，所要求的独立性体现在两个方面：一方面，流动性提供者独立于发行人，双方合同的目标是提升相关股票流动性，流动性提供者交易行为不受发行人影响和干预；另一方面，流动性提供者具备完善的内部控制机制，确保交易决策独立于其他业务或部门，避免潜在的利益冲突。

4. 交易量方面。为发挥流动性提供者对市场流动性和效率提升的积极作用，同时不对股价走势造成人为影响，金融中介在单只股票上的交易量实行每日交易限额。欧盟针对中小企业成长市场设定的标准是，对于流动性股票，不超过日均交易量的15%；对于非流动性股票，不超过日均成交量的25%。按照欧盟中小企业成长市场股票日均成交量测算，流动性提供者个股交易平均限额约为0.6万欧元（非流动性股票）和1.6万欧元（流动性股票）。考虑到中小企业成长市场有不少股票日均交易量为0，日均交易量的25%不足以让金融中介有效地提供流动性，ESMA直接将这类股票日交易限额设定为不超过2万欧元。

5. 服务费用方面。流动性合同明确发行人按照约定标准和支付方式向金融中介支付流动性服务费用，费用条款设置的基本原则是不应当对独立性造成负面影响。在通常情况下，给予流动性提供者的报酬包括固定部分和可变部分,后者可能影响流动性提供者的独立性。为激励金融中介更好地提供流动性服务,同时又避免损害独立性,ESMA 制定的监管标准明确可变报酬部分不超过总报酬金额的 15%。

6. 透明度方面。根据 ESMA 的监管要求,发行人需要履行与流动性合同相关的信息披露义务,包括向公众披露合同生效、执行和终止的情况。发行人需要在其官网或其他途径向公众披露流动性合同的基本信息及合同变更情况,每半年披露一次与流动性合同履行有关的交易活动详情,包括已执行的交易笔数、买入和卖出交易量和金额、平均报价价差和已执行的交易价格等信息。同时,欧盟鼓励中小企业成长市场运营者在其官网公布流动性合同的信息和数据,方面投资者查阅。

三、相关建议

结合新三板市场做市商运行实践看,做市商制度面临的主要问题是个股买卖订单过少、交易量过小、流动性不足,做市商无法通过买卖价差弥补所承担的风险,导致做市意愿不足。借鉴境外市场经验,可从以下两个方面积极探索解决方案。

一是在现行做市商评价激励制度基础上引入"双协议模式"。目前,新三板实施做市商评价激励制度,根据评价结果减免做市商交易经手费,发挥了积极效应,但做市商积极性还有待进一步提升,建议借鉴境外市场经验,在现行评价激励制度基础上实施做市"双协议模式",允许发行人与做市商签订协议,由发行人按照一定标准支付做市服务费用,进一步提高做市商做市报价积极性。从可行性角度看,在做市交易制度框架下合理设计服务费用方案并做好信息公开,可以避免潜在的利益冲突。

二是研究引入流动性合同制度的可行路径。借鉴欧盟市场实践,流动性合同制度是通过增加个股订单簿中买卖订单,辅助提升个股流动性的特殊机制安排。与做市商相比,这一制度下流动性提供者的权利义务以及风险收益机制明显更为对等,能够避免做市交易下做市商动力不足的问题。但这一制度同时也伴随涉嫌市场操纵的问题,欧盟主要用两种方式予以解决:一是在法律规则层面予以认可;二是在账户、资源投入、独立性、交易量、费用支付、透明度等方面设置条件和标准,降低市场操纵的风险。全国股转系统、北京证券交易所是未来打造服务创新型中小企业主阵地,流动性是关键问题之一,建议持续跟踪欧盟中小企业成长市场流动性合同制度实施情况，研究探索在全国股转系统、北京证券交易所市场引入流动性合同制度的可行路径。

参考文献

[1] Regulation (EU) No 596/2014 of the European parliament and of the council of 16 April 2014 on market abuse.

[2] Commission delegated regulation (EU) 2016/908 of 26 February 2016 supplementing regulation (EU) No 596/2014 of the European parliament and of the council.

[3] Regulation (EU) 2019/2115 of the European parliament and of the council of 27 November 2019 amending directive 2014/65/EU and Regulations (EU) No 596/2014 and (EU) 2017/1129 as regards the promotion of the use of SME growth markets.

[4] Opinion Points for convergence in relation to MAR accepted market practices on liquidity contracts, 25 April 2017.

[5] Opinion on intended accepted market practice on liquidity contracts notified by the comisión nacional del mercado de valores, 16 December 2016.

[6] Opinion of the European securities and markets authority (ESMA) of 16 September 2019 relating to the intended revision of the accepted market practice on liquidity contracts notified by the comisión nacional del mercado de valores.

[7] Opinion of the European securities and markets authority (ESMA) of 22 January 2020 relating to the intended accepted market practice on liquidity contracts notified by the commissione nazionale per le società e la borsa (Consob).

[8] Report to the European commission on the application of accepted market practices, 16 December 2020.

[9] Final report on the amendments to the market abuse regulation for the promotion of the use of SME growth markets, 27 October 2020.

[10] Liquidity provider agreement template created by nasdaq-V2 September 1 2019.

法制建设

美国期货法域外适用：沿革、博弈与启示
——基于典型司法判例的考察

季铄人　陈建伟[*]

摘　要： 尽管美国《商品交易法》在2008年国际金融危机后增加互换市场的域外适用条款，但美国司法系统对期货市场法律法规的域外适用极为谨慎。本文透视美国立法、行政、司法、市场博弈背后的政治逻辑，提出法律域外适用作为国家综合实力竞争中常用的一种法律工具，其使用需要综合衡量本国经济实力、法律资源和政治环境。随着我国《期货和衍生品法》的立法进入关键期，期货立法需平衡市场开放与跨境管辖的关系，合理设置我国期货法律的域外适用效力。

关键词：《商品交易法》　域外适用　司法保守主义

当前，伴随金融市场高水平双向开放格局的构建，我国期货市场国际化步伐逐步加快，但是法律对于境外期货交易[①]的管辖，目前仍存在不确定性。2020年"原油宝事件"，因中国银行为境内客户提供挂钩境外原油期货交易服务，一度将我国期货法律法规的域外适用效力推向关注焦点。2019年新证券法增设域外管辖条款，以有效应对境外个别国家的司法长臂管辖，为期货市场扩

---

[*] 季铄人，法学博士，上海期货交易所法律合规部高级经理；陈建伟，法学博士、注册会计师，北京金融衍生品研究院高级研究员。本文为2018年国家社科基金后期资助项目"中美证券执法机制的比较研究"（项目批准号：18FFX042）的阶段性成果，内容仅代表作者个人观点，与所供职单位无关。

[①] 境外期货（俗称"外盘"期货）交易，是指在中国境外国家和地区进行的期货交易，主要以美国、英国等国际成熟市场的期货合约作为交易标的，涵盖了原油、外汇、贵金属、股票指数等多个品种。

【法制建设】

张域外适用提供立法镜鉴。① 在当下国内跨境期货交易需求庞大的背景下，有必要借鉴境外最佳实践，构建适合我国国情的期货法律域外适用体系，为畅通境内外期货市场互联互通渠道提供坚实的法制保障。

在过去十数年，美国立法、司法围绕期货法律域外适用效力进行反复博弈和细致变革。作为拥有世界最庞大、最成熟期货市场的经济体，美国法律的域外管辖牵动全球期货市场的神经。深入考察美国期货法律域外适用效力的沿革及变化，探求背后缘由及逻辑，以供我国期货立法参考尤显必要。

一、美国立法赋予《商品交易法》域外适用效力

根据现行一般理论，国内法域外适用是指一国将具有域外效力的法律适用于其管辖领域之外的人、事、物，这种适用既包括国内行政机关执行国内法的行为，也包括国内司法机关实施司法管辖的行为。② 在期货市场，法律的域外适用主要是指在满足法定条件时，将本国期货法适用于境外期货交易、境外违法行为或者境外受害者的情形。

作为统领美国期货和衍生品交易的根本法，《商品交易法》（Commodity Exchange Act）能否适用于美国境外的期货衍生品市场，是市场各方极为关心的问题。长期以来，《商品交易法》一直都没有任何域外适用的条款，直到 2010 年《多德—弗兰克华尔街改革和消费者保护法案》（Dodd-Frank Wall Street Reform and Consumer Protection Act，以下简称《法案》）的出台，才改变美国期货法律域外适用不明确的状况。

《法案》在新增证券法域外适用条款③的同时，也对期货法的域外适用"青睐有加"。场外衍生品市场的放松监管（De-regulation）曾被认为是诱发 2008 年金融危机的主要原因之一，鉴于 AIG、雷曼兄弟、贝尔斯登等美国金融

---

① 参见《证券法》（2019 年修订）第二条第四款。
② 参见廖诗评．中国法域外适用法律体系：现状、问题与完善 [J]．中国法学，2019（6）．
③ 《法案》第 929P（b）条新增了"联邦证券法反欺诈条款的域外管辖权"条款，使美国证券法的域外适用重新回归：对于美国证监会或联邦政府针对涉嫌违反《1933 年证券法》第 17（a）条、《1934 年证券交易法》（本编反欺诈条款）、《1940 年投资顾问法》第 206 条，并涉及以下行为的涉案人提起的诉讼或程序，联邦地区法院和任何州联邦法院均具有管辖权：（1）在美国境内发生的行为，且该行为属于促成上述违法行为发生的关键因素，即使该证券交易发生在美国境外且仅涉及境外投资者；（2）在美国境外发生的对美国境内产生可预见重大影响的行为。2019 年的 SEC v. Traffic Monsoon and Scoville 案是《法案》第 929P（b）条在司法实践中的首次适用，联邦第十巡回法院在本案判决中明确，《法案》规定的域外管辖条款可以适用于美国证监会、司法部等联邦政府部门提起的诉讼。

巨头曾因境外分支机构参与互换等衍生品交易而遭受巨大损失，多数论者还特别关注跨境衍生品业务对美国金融体系产生的巨大影响。为此，《法案》专设"场外互换市场监管"一章，对《商品交易法》进行增补修订，其目的不仅在于扩张美国管辖权，还在于防止美国境外衍生品市场的系统性风险传递到美国。①

一方面，《法案》明确针对境外期货交易场所的监管规则，规定美国商品期货交易委员会（CFTC）有权要求外国交易场所向美国境内的会员或其他参与者提供电子交易和直接接入服务时，向 CFTC 履行注册义务，完成准入，后续还继续向 CFTC 报送持仓限额等数据和信息。② 另一方面，《法案》增加对境外互换交易的监管规则，明确与美国境内商业活动具有直接重大关联，或对其具有直接重大影响的境外互换交易，可以适用《商品交易法》。③ 其中，对互换的监管是美国授予 CFTC 的一项新职权，也是近年来 CFTC 的重点工作。美国互换市场完备的交易结算机构、交易数据库等基础设施，以及美国资本、人员和市场的全球影响力为此种域外适用提供强有力的支撑。

为细化和落实《法案》的规定，CFTC 展开一系列探索。自 2013 年 7 月开始，CFTC 发布《互换合规解释规则和政策概述》，首次阐述美国监管跨境互换思路，即首先将"与美国境内商业活动具有直接重大关联，或对其具有直接重大影响"这一域外适用条件进行扩大解释，对其核心条件"直接"解释为只需满足"合理的近距离偶然联系"（Reasonably Proximate Casual Nexus）即可；其次，将"美国人"（US persons）扩大解释为：（1）美国境内自然人或法人；（2）居住或交易在美国境外的人，但其互换行为对美国产生直接和重大影响的人，包括主营业地在美国的公司、美国公民控制的商品基金等。为防范境外风险蔓延至境内，CFTC 还将前述"美国人"在境外设立的分支机构（统称为"非美国人"，Non-US Persons）也纳入适用范围。④ 经过长期的论证，CFTC 于 2020 年 11 月发布《互换交易商和主要互换参与者注册门槛和特定要求的跨境

---

① 参见郭华春. 美国金融法规域外管辖法理、制度与实践 [M]. 北京：北京大学出版社，2021.
② 参见《法案》第七章第 738 条。
③ 参见《法案》第七章第 722 条。
④ 参见 CFTC. Interpretive Guidance and Policy Statement Regarding Compliance with Certain Swap Regulations, 78 Federal Regulation, 45292, 45298 [EB/OL] [2013-07-26]. https://www.cftc.gov/LawRegulation/FederalRegister/FinalRules/2013-17958.html.

适用》①，正式将上述思路写入规章，《商品交易法》在互换领域的域外适用效力得以正式落地。

二、美国司法对《商品交易法》域外适用的"二分"态度

在期货市场上，除立法和行政机关，法院系统对于《商品交易法》域外适用效力的态度，同样具有举足轻重的影响。根据美国的执法体系，私人执法（Private Enforcement）和公共执法（Public Enforcement）并行不悖、相互支撑，必要时二者均需通过法院诉讼完成对违法当事人的责任追究。但微妙的是，对于《商品交易法》在私人执法和公共执法程序中适用的域外管辖权，美国联邦法院和地区法院却展现出不同的态度。

（一）"交易标准"对《商品交易法》域外适用的冻结

与美国国会和 CFTC 大刀阔斧的改革相比，美国联邦法院对推动期货法律域外适用却并不积极。尤其是在 2010 年 Morrison et al. v. National Australia Bank Ltd.（以下简称莫里森案）中，联邦法院态度经历从开放到保守的急剧转变。②

在前莫里森案时代，美国的证券和期货法律总是相互借鉴、相互影响，原本指导美国证券法域外适用的"行为标准"③和"效果标准"④两项规则，也同样被美国联邦法院运用到衡量《商品交易法》能否域外适用。例如，在1983年 Psimenos v. E. F. Hutton & Co., Inc. 案中，原告为希腊公民，基于《商品交易法》起诉美国期货经纪商欺诈，审理本案的第二巡回上诉法院认为，即使交易发生在雅典，美国法院仍然可以受理。法院在判决书中指出："'行为标准'无须考虑国内投资者或国内市场是否受到影响，而是主要考察涉案的欺诈行为本质是否发生在美国境内，作出这一判断的基础是国会不希望美国成为证券欺

---

① 参见 CFTC. Cross-Border Application of the Registration Thresholds and Certain Requirements Applicable to Swap Dealers and Major Swap Participants, 17 CFR Part 23 [EB/OL]. [2020-11-13]. https://www.cftc.gov/LawRegulation/FederalRegister/finalrules/2020-16489.html.

② 参见 Morrison et al. v. National Australia Bank Ltd., 561 U. S. (2010)。

③ "行为标准"是指发生在美国境内的欺诈行为如果对整个证券欺诈活动的完成起到了显著作用，则美国法院可以取得对相关外国被告的事项管辖权。

④ "效果标准"是指即使交易行为发生在境外，但只要该交易行为的结果损害到美国投资者的利益，美国法院就可以适用美国证券法律，如涉及在美国登记注册并在美国证券交易所上市的境外公司证券。

诈案件的避风港，即使这些欺诈案件只针对外国人。"①

但在2010年莫里森案中，美国联邦最高法院却一反常态，革新美国证券法域外适用的检验标准。莫里森案的判决结果本身并不意外，因为本案的一审和二审的判决均裁定原告败诉，联邦最高法院只是维持原判。真正出乎意料的是，该案否定美国法院之前一直采用的"行为标准"和"效果标准"，转而确立"交易标准"，并通过对交易标准的严格解释关闭美国证券法反欺诈条款域外适用的大门。"交易标准"认为，适用美国证券法应满足以下两项条件之一：(1) 在美国国内证券交易所上市的证券的交易；(2) 证券的交易行为发生在美国境内。联邦最高法院希望通过这一简单易行的规则，避免美国司法活动干涉其他国家证券法，同时也可以避免美国成为跨国证券集团诉讼的"世外乐园"。这也表明，面临诉讼爆炸威胁的美国法院逐渐对自身的警察角色感到不胜其烦。②

以莫里森案为分水岭，美国的司法保守势力逐步收复失地。审理该案的大法官安东宁·斯卡利亚（Antonin Scalia）认为，法院在以前的判例中都忽视美国法中一项由来已久的原则，即反域外适用推定——国会的立法只意图适用于美国领土管辖范围内，除非国会有相反的意图。如此一来，莫里森案确立的反域外适用推定不仅适用于美国证券法，美国其他法律的域外适用均遭到不同程度地冻结，期货市场法律也概莫例外。

莫里森案审判原则适用于期货领域的第一案便呈现在世人眼前。在Loginovskaya v. Batratchenko案中，Thor集团是一家总部位于纽约的跨国金融企业，主要从事商品期货交易和房地产投资，且已在CFTC注册为"商品基金管理人"（Commodity Pool Operator），该公司首席执行官Batratchenko是居住在俄罗斯的美国公民。原告俄罗斯公民Loginovskaya与该公司签订投资协议，并于2006—2007年向该公司在纽约开立的银行账户汇入72万美元的投资款。2010年，被告Batratchenko告知原告，其投资资金已经被挪用于其他项目的投资，现已出现亏损，无法取回其投资款项。原告于是依据《商品交易法》第22条起诉被告存在欺诈等行为，要求返还财产。一审的纽约南区法院将莫里森

---

① 参见 Psimenos v. E. F. Hutton & Co., Inc., 722 F. 2d 1041 (2d Cir. 1983)。
② 参见杜涛. 美国证券法域外管辖权：终结还是复活？——评美国联邦最高法院Morrison案及《多德—弗兰克法》第929P（b）条[J]. 国际经济法学刊（第19卷），2012（4）。

案确立的反域外适用原则运用到本案,驳回原告的诉求。后原告不服,提出上诉。第二巡回上诉法院维持原判,认为根据莫里森案审裁原则,《商品交易法》通篇没有一个域外适用条款,因此不具备域外适用效力;只有受欺诈的商品交易行为发生在美国境内,《商品交易法》规定的私人诉讼才可启动。法院最后表示,《商品交易法》为在美国境内进行交易的当事人提供诉讼权利,但并没有将诉讼的大门向在境外从事交易的当事人打开。①

本案是美国联邦法院首次将莫里森案审裁原则适用于期货领域,此时《法案》已经生效,但美国联邦法院并未买国会的账,而是继续否认《商品交易法》域外适用的效力。本案一经公布,迅速形成示范效应,成为美国期货市场的典型案例,各地法院纷纷效仿,以交易不发生在美国为由,频频驳回当事人域外适用的请求。

在另一起涉嫌操纵外汇期货的集团诉讼案中,原告以被告涉嫌违反《商品交易法》进行市场操纵为由,向纽约南区法院提起诉讼,还特别指出,美国投资者是通过美国网络下单参与境外交易所交易的,且部分交易行为发生在《法案》生效以后,法院应当管辖。纽约南区法院在援引莫里森案中的反域外适用推定和前述 Loginovskaya v. Batratchenko 案后,不为所动地表示,《商品交易法》不得适用于境外是一项基本原则,而投资者下单地点不影响整个交易行为发生在美国境外的结论。② 同样的司法审判逻辑也运用在 Sullivan v. Barclays PLC 案中,纽约南区法院表示,不论行为是发生在《法案》生效之前还是之后,《商品交易法》都适用莫里森案规则,如果当事人只是在通过设在美国境内的终端服务器提交订单,则依旧不能构成《商品交易法》规定的境内交易。③

(二)法院对公共执法程序域外适用的认可

与私人诉讼中域外适用诉求被频频驳回相反,对于由 CFTC 发起的执法程序,美国法院又似乎稍显宽容,典型案例便是 CFTC v. Vision Financial Partners 案。④ 针对该案被告在英国、以色列和塞浦路斯的交易所从事的操纵等违法行为,CFTC 提出七项指控,其中一项即为操纵境外交易所的互换合约。被告根

---

① 参见 Loginovskaya v. Batratchenko, 936 F. Supp. (2d Cir. 2014)。
② 参见 In re Foreign Exch. Benchmark Rates Antitrust Litig., No. 13 Civ. 7789, 2016 U.S. Dist. (S.D.N.Y. Sept. 20, 2016)。
③ 参见 Sullivan v. Barclays PLC, No. 13-cv-2811, 2017 U.S. Dist. (S.D.N.Y. Feb. 21, 2017)。
④ 参见 CFTC v. Vision Financial Partners, 190 F. Supp. 3d (S.D. Fla. 2016)。

据莫里森案对这一指控提出抗辩,认为《商品交易法》没有域外适用的效力,CFTC无权提起涉及境外交易所合约的执法程序。然而,佛罗里达地区法院却一反常态地指出,莫里森案只适用于《1934年证券交易法》,《商品交易法》在经过《法案》的修订以后,至少对于CFTC发起的执法程序是可以适用于境外交易的。法院进一步指出,根据《商品交易法》第6(b)(2)的规定,对于境内当事人在交易境外交易所互换等衍生品过程中存在的违法行为,CFTC有权监管,前提是违法行为发生在美国境内。本案中的欺诈行为发生在美国佛罗里达,因此《商品交易法》可以适用。

不过,需要注意的是,该案中虽然CFTC的执法权获得法院认可,但法院仍旧将其结论建立在当事人的交易行为发生在美国境内这一基础上,并未正面回应CFTC能否对境外违法行为进行执法,《商品交易法》的域外适用仍然被牢牢限制。①

三、多方博弈:以英国石油公司案为焦点

作为《商品交易法》的主要执法机构,CFTC对于美国司法系统将《商品交易法》调整范围限定于美国境内期货市场的局面显然是不满意的。为此,CFTC开展积极游说,希望能够扭转法院的态度,全面认可《商品交易法》域外适用的效力。2019年,支持和反对域外适用的各方主张,在Prime International Trading, Ltd. v. BP案(以下简称英国石油公司案)中展开正面交锋。

(一)案情梗概

英国石油公司案中,原告是在纽约商品交易所(NYMEX)和欧洲洲际期货交易所(ICE Futures Europe)从事布伦特原油期货及其衍生品合约的交易者,包括在路易斯安那州设有炼油厂的实体企业和其他自然人。被告主要是布伦特石油的主要生产者和加工者,掌握着布伦特石油市场的生产和销售,英国石油公司(BP)是其中最大的一家。原被告双方均已从事多年原油交易,其交易价格主要参考纽约和洲际两家交易所的期货价格。其中,欧洲洲际期货交易所属于美国境外的交易场所,并获得CFTC的无异议函(No-action Letter);布伦特原油期货合约在欧洲洲际期货交易所上市交易,但同时也授权在美国纽

---

① 参见 Michael L. Spafford & Daren F. Stanaway. The Extraterritorial Reach of the Commodity Exchange Act in the Wake of *Morrison* and Dodd-Frank [R]. Futures and Derivatives Law Report, Volume 37, July 2017, at p.5.

约商品交易所挂牌。

原告诉称,被告从 2010 年 6 月至 2012 年 9 月在现货和期货市场操纵布伦特原油,包括使用虚假申报、虚构交易等手法,使布伦特原油期货的价格向着有利于其自身的方向发展,继而控制交易价格,损害原告的利益。原告因此以被告违反《商品交易法》为由,向纽约南区法院提起集团诉讼,请求赔偿其损失。该案的操纵行为并不难认定,但由于案件的被告分散在世界各地,且操纵行为又主要发生在英国期货市场,因此判断《商品交易法》能否适用于美国境外至关重要。

2017 年 6 月,一审法院纽约南区法院以《商品交易法》无法域外适用为由驳回起诉,原告随即上诉至联邦第二巡回上诉法院。由于该案的审裁结果将涉及大量与原油相关的上下游企业,案件的审理引发美国市场各界的关注,针对域外适用的博弈也再度升温。

(二)各方博弈

1. CFTC 对域外适用的支持。CFTC 作为案件相关人,向法院提交一份"法庭之友建议",阐述其支持《商品交易法》域外适用的观点。在这份建议中,CFTC 首先介绍美国期货市场和期货法律国际化的历史,指出期货交易本身即为国际化的市场,美国期货市场产生的价格会运用于美国境内及境外。《1921 年期货交易法》(*Futures Trading Act of* 1921)和《1922 年谷物期货法》(*Grain Futures Act of* 1922)均曾授权美国农业部收集美国境外的谷物市场供需和价格等信息。CFTC 认为,随着美国期货市场的快速发展,《商品交易法》中的"商品"已不仅仅只包含实物类商品,还包括指数、利率、货币等标的物;当然也包括国外的商品,例如,芝加哥商品交易所(CME)上市合约的标的包括马来西亚棕榈油和瑞士法郎,纳斯达克期货交易所(Nasdaq Futures Exchange)的合约标的有德国电力,纽约商品交易所也有众多以澳大利亚煤矿和布伦特原油为基准的衍生品合约,所有这些期货品种都归属于《商品交易法》管辖。美国国会也在《商品交易法》的立法文件中表示,所有期货交易必须进行统一监管,无论其对应的商品是否在美国境内生产、加工或销售。①

具体到英国石油公司案,CFTC 认为《商品交易法》应当适用。一是莫里

---

① 参见 Brief for U. S. Chamber, et al. Amicus Brief—Prime International Trading Ltd. v. BP PLC (Second Circuit), November 22, 2017, at pp. 7-9。

森案在该案中被错误适用。该案有部分交易发生在美国境内的纽约商品交易所,案件本身并不属于境外案件,而应定性为境内案件。无论是《商品交易法》还是莫里森案,都不会仅因部分当事人和交易行为发生在境外,就免除当事人的违法责任。若原告的诉请被驳回,就会让美国成为此类违法行为的避风港。二是《商品交易法》的域外适用条款已被误读。《商品交易法》第 2 (i) 条根据《法案》的规定增加有关互换的内容,将对美国境内具有直接重大关联,或对其具有直接重大影响的境外互换交易纳入管辖,CFTC 也专门对此出台相关细则,虽然这些条款在本案中并不适用,但是应当认可《商品交易法》的域外适用效力,一审法院认为《商品交易法》没有域外适用效力的观点是错误的。①

2. 美国商会对域外适用的驳斥。针对案情,美国商会认为不应适用《商品交易法》,同时也针锋相对地向法院提交一份"法庭之友建议",表达与 CFTC 截然相反的观点。美国商会的核心理由同样有两点:第一,该案本质上是外国案件。美国商会援引 Parkcentral v. Porsche 案中确立的"交易的经济本质"标准,②认为布伦特原油是主要在境外市场销售的外国商品,其形成的价格也主要用于境外市场的定价,该案中的操纵行为发生在境外,操纵对多国都产生广泛影响,美国仅为其中之一,为避免司法资源被滥用,此类案件不应被受理。第二,严格坚持反域外适用原则至关重要。反域外适用原则是国际通行的避免争端和管辖权冲突的必要手段,正如联邦最高法院在莫里森案中指出的,各国监管各自司法辖区内的证券交易是国际惯例,诸如英国、法国和澳大利亚等国家均反对其他国家法律对本国的域外适用。至于一部法律是否应当适用于某些境外行为,应当由国会来决定,联邦法院的任务就是单纯看法条中是否有域外适用的表述。《商品交易法》根据《法案》的修订才在互换领域增加部分域外适用的效力,但是该案并不涉及互换交易,不应适用《商品交易法》。美国商会认为,该案由行为发生地的法院管辖更为合适。③

---

① 参见 Brief for U. S. Chamber, et al. Amicus Brief-Prime International Trading Ltd. v. BP PLC (Second Circuit), November 22, 2017, at pp. 11-19。

② "交易的经济本质"标准,在于判断一项交易的经济本质(Economic Reality)是否以国外为主(Predominantly Foreign),参见 Parkcentral Global Hub Ltd. v. Porsche Auto Holdings SE., 763 F. 3d 198 (2d Cir. 2014)。

③ 参见 U. S. Chamber, et al. Amicus Brief Prime International Trading Ltd. v. BP PLC (Second Circuit), February 7, 2018。

3. 司法判决结果。面对各方争论，联邦第二巡回上诉法院将案件争点总结为两个方面：一是《商品交易法》能否域外适用，二是该案是否构成美国境内的交易行为。

对于第一个争点，第二巡回上诉法院明确表示，除非一部法律中有明确的域外适用条款，否则必须以反域外适用进行推定，这是美国法律体系的根基。根据对《商品交易法》的文义解释，只有第2（i）条在互换市场获得域外适用的效力，而且域外适用的效力也应仅限于此。就该案而言，案情涉及的场内期货交易并不是互换交易，因此适用的条款也不具有域外适用效力。在这个问题上，第二巡回上诉法院选择与美国商会类似的立场，对域外适用仍坚持"原则禁止，除非另有规定"的观点。

对于第二个争点，第二巡回上诉法院并没有采纳一年前 Choi v. Tower Research Capital LLC① 案所确立的"不可撤销责任"（Irrevocable Liability）理论，② 而是提出判断的关键在于操纵这一违法行为是否发生在美国境内。虽然该案原告有一部分期货合约的交易行为发生在境内，但主要是在伦敦交易布伦特原油期货，且被告的操纵行为发生在境外，案情与美国的关联非常微弱，不应视为境内案件，无法满足《商品交易法》的适用条件。③

因此，法院根据法无规定不得域外适用的原则，裁定驳回上诉，维持原判。但是，法院并不否认原告对被告操纵等违法行为的指控，原告可以选择他国法院另行起诉。

（三）案件影响

英国石油公司案的判决结果确立两项重要规则：一是本着从严解释的原则，《商品交易法》的域外适用效力仅限于互换市场，其余部分均无域外适用效力；二是对于如何认定一项涉外期货案件是否属于国内案件，关键在于判断其操纵等违法行为是否主要发生在美国境内。但对这一判定，由于缺少明确的标准，联邦法院可以通过各种有利于自己的解释，作出灵活的判决。当然，这

---

① 参见 Choi v. Tower Research Capital LLC, 890 F. 3d 60, 65-66 (2d Cir. 2018)。在本案中，被告涉嫌在芝加哥商品交易所操纵韩国 KOSPI 200 股指期货（Korean Stock Price Index 200）。

② 根据"不可撤销责任"理论，如果当事人的交易行为发生在美国，就在美国产生了不可撤销的责任，属于应当适用《商品交易法》的国内案件。

③ 参见 Prime International Trading Ltd. v. BP PLC, No. 17-2233 (2d Cir. 2019)。

样的处理方式使涉外期货案件审裁缺乏统一性，招致众多学者的批评。①

该案的尘埃落定，同样意味着 CFTC 试图在司法层面赋予《商品交易法》域外适用的尝试再次失败。司法系统依然倾向于在这一领域采取收缩管辖权的保守姿态，至少针对美国境外的期货和衍生品交易提起的私人诉讼，很难得到法院的支持。

四、结论与启示

（一）博弈背后的逻辑

与经济领域频频使用"长臂管辖"、对外形成压迫态势不同，美国法院在各方针对期货法律域外适用的博弈过程中，选择站在保守立场一侧。

从立法宗旨上看，《商品交易法》最重要的立法宗旨在于维持美国期货市场国际竞争力，维护市场定价权。由于此前《法案》赋予美国监管机构相当宽泛的跨境监管权力，遭到欧盟等国际主体的批评和抵制，为防止其定价中心地位受到削弱，美国近年来转变执法理念，开始在全球推行"替代合规"等柔性制度，以变相实现美国法律的全球化。② 截至 2020 年 12 月，CFTC 已经认可欧盟、澳大利亚、加拿大、日本、中国香港和瑞士共 6 个国家和地区的监管规则，同意以上述司法辖区可比性监管规则进行"替代合规"。③ 在此背景下，美国强行推动期货法律域外适用的意愿已不再强烈。

从政治背景上看，美国联邦法院现在已越来越成为一个"政治性法院"，很多判决都是保守派和自由派两大政治势力相互角逐的结果。法院判决从根本上讲都是从美国的根本利益出发，并不是为迎合国际社会的需求。④ 无论是支持或反对美国期货法律的域外适用，其根本考虑都是如何最大化自己所属集团的利益。近年来，保守派的势力明显更胜一筹，他们主张司法克制，反对任意扩大法律的适用范围。限制域外适用的判决集中体现美国司法保守主义

---

① 参见 Jones Day Law Firm. Second Circuit Breathes New Life Into Conduct And Effects Test（October 2019）[EB/OL]. https：//www.jonesday.com/en/insights/2019/10/second-circuit-breathes-new-life。

② 所谓"替代合规"，即由本国监管机构依照国际公认的标准进行持续有效的监督和管理的基础上，通过各国监管机构之间达成相互进行可比性认定，利用东道国监管规则替代本国监管规则以实现同等监管目的。

③ CFTC. Comparability Determinations for Substituted Compliance Purposes [EB/OL]. https：//www.cftc.gov/LawRegulation/DoddFrankAct/CDSCP/index.htm.

④ 参见杜涛. 美国证券法域外管辖权：终结还是复活？——评美国联邦最高法院 Morrison 案及《多德—弗兰克法》第 929P（b）条 [J]. 国际经济法学刊（第 19 卷），2012（4）。

的理念。2020年10月26日，美国国会表决批准时任总统特朗普提名的巴雷特接替逝世的金斯伯格，出任联邦最高法院大法官。联邦最高法院大法官中保守派与自由派人数从5∶4变成6∶3，保守派主导联邦最高法院的局面进一步巩固。可以预计，保守派主导的美国联邦法院还将在未来一段内继续限制美国法的域外适用。

（二）对我国的启示

美国立法、行政、司法、市场各方围绕《商品交易法》域外适用展开的博弈，值得我们冷静思考并选择性借鉴。

第一，对于立法、行政、司法系统而言，法律的域外适用归根到底是一项权利性选择，而非必须履行的义务性规则。域外适用如果运用得当，可以起到制裁并震慑境外违法活动、保护境内投资者合法权益的积极作用，是法律资源配置过程中可供考虑的一个方向。

第二，是否动用域外适用，需要综合衡量本国经济实力、法律资源和政治环境。法律的域外适用是一项系统性工程，一方面需要本国市场已经高度国际化，为其适用提供空间和条件，另一方面需要立法、行政和司法多方协同，共同完成法律执行。在法律资源准备不充分的情况下贸然启动法律的域外适用，不仅会引致诉讼的陡然增长，对本国执法、司法系统形成压力，还会引发境外投资者的流失和他国监管机构的抵触等不良后果，诋损本国法律的权威和影响力。即使是美国，也需合理分配本国法律资源，综合考量国际社会的反响，随时调整期货法律域外适用的强度，以服务于其本国利益。

第三，本质上讲，域外适用是国家综合实力竞争中常用的一种法律工具，其最终目的在于服务本国利益，提高本国政治经济的国际竞争力。美国司法系统并非完全否定证券期货市场法律法规的域外适用，而是选择性支持公共执法机构提起的诉讼享有域外适用效力，便是一项佐证。

有鉴于此，合理设置我国期货法律的域外适用效力，是当前期货法立法需权衡的重要因素之一。期货市场天然具备国际化基因，也只有国际化的期货市场才具有定价优势。为期货市场法律法规赋能域外适用，不仅是加快构建期货市场双向开放格局的要求，更是保障国家经济战略顺利实施的手段。

2021年期货法一读草案公布；2021年10月，期货和衍生品法（草案二次审议稿）完成二次审议，并再次公开征求意见。期货和衍生品法（草案）在仿效证券法设置域外适用原则的同时，还创造性增设"跨境交易与监管协作"专章，明确境外期货交易场所、经营机构在为境内单位或个人提供服务时应履行的法律义务，形成较为超前、较为完备的域外适用规则体系。①

若草案顺利通过，期货和衍生品法将成为我国资本市场第一部系统设置域外管辖规则的法律，也将成为后续其他金融法律增设域外适用条款的镜鉴文本，进而形成匹配我国资本市场国际地位的现代法律体系。不过，需要特别强调的是，目前，我国期货市场依托特定品种对外开放等举措，刚刚开启国际化进程，境外投资者的参与程度以及跨境监管和执法的经验还远未达到成熟水平。若贸然启动域外适用，有可能对法律执行和吸引境外投资者产生负面影响。正如世界期货业协会（FIA）在2021年9月发布的跨境监管原则白皮书中所言："各国需进一步尊重和信赖他国的监管体系，要注重监管能否防范风险的实际效果，多一些国际共识，少一些本国特色，唯有如此，才能形成一个高效和活力的市场。"②

与证券法域外适用条款类似，期货和衍生品法（草案二次审议稿）目前针对域外适用的表述仍较为原则，为执法和司法机构预留充分的自由裁量空间。需要强调的是，在进一步推进我国期货市场国际化的过程中，建议借鉴美国经验，重点关注境内外期货市场的互联互通，合理平衡市场开放与跨境管辖关系，明确替代合规等柔性执法方式的适用条件，以吸引更多境外投资者参与我国期货市场，在提升期货市场国际化水平的基础上再系统构建期货法域外适用的体系。

---

① 参见《期货和衍生品法（草案二次审议稿）》第十一章。
② 参见 FIA releases principles for cross-border regulation ［EB/OL］［2021-09-28］. https：//www.fia.org/resources/fia-releases-principles-cross-border-regulation。

【法制建设】

委派董事之股东信披违法行政责任研究（中）

赖坤元　蒋大兴[*]

摘　要：中国公众公司的公司治理已经形成"董事席位瓜分"格局，即股东之间通过协议等方式使部分股东能够稳定地向董事会推荐人选，并在事实上实现委派董事、控制董事会席位的效果。若从信息披露视野对委派董事之股东行政责任进行考察，则会发现该安排将使部分委派董事之股东免于行政处罚，进而导致一系列问题。而就我国现行制度而言，恐怕难以对该等主体进行规制。对于此类问题，以英国法为代表的域外法有影子董事与事实董事制度、法人董事制度两种回应方式。具体而言，通过影子董事与事实董事制度，可以将未经法定程序选任、经常性地对公司部分或全部董事发出指示且其指示在客观上会被公司董事会所遵循的相关主体，以及行使专属于董事之职权、构成公司治理结构一部分的相关主体，均认定为"董事"，并与经法定程序选任的法定董事承担相同的义务与责任。而法人董事制度更是允许法人主体直接出任公司董事、直接承担董事的责任与义务。参照域外法经验，我国可参照影子董事与事实董事制度尝试构建以下信披违法追责路径：首先，限于公众公司的特殊情况，无须刻意区分影子董事与事实董事，仅需将归责之主体明确为"直接或间接行使董事职权之人"；其次，可参考证监会在内幕交易案中所采取的推定规则，在信息披露违法违规案件中以推定的方式来对相关责任主体进行认定，即证监会仅需证明相关股东具有委派董事的基本事实，便可推定该等委

---

[*] 赖坤元，北京市金杜律师事务所律师助理；蒋大兴，北京大学法学院教授。

派董事之股东构成"直接或间接行使董事职权"的主体;最后,构建追责路径时仍需以未有法人董事制度为前提,可参照我国台湾地区,将被追责主体的身份定性为"非董事",并明确其与经法定程序选任之董事负有同等义务与责任。

关键词：委派董事　股东责任　影子董事　法人董事

中国公众公司业已形成部分股东通过委派董事以控制董事会席位的"董事会席位瓜分"格局,而在信息披露违法违规案件中,部分委派董事之股东往往不在证监会行政处罚的责任范围之内。由于未对委派董事之股东进行追责可能产生一系列问题,而现有制度无法实现对委派董事之股东的有效追责,因此有必要讨论相应归责路径构建问题。诚然,此类问题可以简单通过立法、监管部门颁布相关法令直接加以解决,但任何立法和归责的构建仍需要一定的法理基础,否则无论是受处罚主体还是监管部门都将无所适从。相比起从无到有创设一套全新的规则,域外法在构建类似归责路径时往往会依托其他相对成熟的制度,目前,可大致将依托其他制度构建类似归责路径的域外法经验分为两大方向,即以美国法为代表的强调"股东身份"的归责路径,以及以英国法为代表的强调"董事身份"的归责路径。[①]

就强调"股东身份"的归责路径而言,其存在与我国现行立法相冲突的弊端,同时其对本文所关注问题的解决力亦相对有限。具体而言,美国法对"股东义务"的强调是通过界定"控制股东"加以实现。尽管在美国司法实务中,对控制股东的认定有时并不受限于具体的持股比例或表决权比例,[②]但在多数情况下,其认定规则与司法适用还是比较接近于我国关于控股股东和实际控制人的立法及实践。加之我国学者目前关于"美国控制股东信义义务"的讨论还是多以国内"控股股东"制度作为比照对象。[③] 如此一来,若以美国法为镜鉴,引进或创设相应规则,一方面将容易产生学理和法学话语

---

① 参见曾宛如. 影子董事与关系企业——多数股东权行使界限之另一面向 [J]. 政大法学评论, 2013 (132): 62.

② 参见 Caroline Bradley. Transatlantic Misunderstandings: Corporate Law and Societies [J]. University of Miami Law Review, 1999 (53): 296。

③ 参见靳羽. 美国控制股东信义义务：本原厘定与移植回应 [EB/OL] [2021-02-18]. https://kns.cnki.net/kcms/detail/11.3171.D.20210126.1346.002.html。王建文. 论我国构建控制股东信义义务的依据与路径 [J]. 比较法研究, 2020 (1): 93-105; 朱大明. 美国公司法视角下控制股东信义义务的本义与移植的可行性 [J]. 比较法研究, 2017 (5): 45-58。

体系的混乱，另一方面也可能会受限于我国目前现有的立法及司法实践，虽具体细化了股东义务之范围，但仍可能将责任主体限于公司法下的"控股股东"，而无法实现对各类型委派董事之股东的有效追责。故本文在此不再多加讨论。

相较之下，强调"董事身份"的归责路径则具有以下优势：首先，"董事身份"的归责路径与我国现行法的冲突较小。关于"董事身份"的归责路径，域外法上主要有"影子董事"（Shadow Director）、"事实董事"（De Facto Director）及"法人董事"（Corporate Director）制度，而从立法技术角度看，该等制度多是依托于一般的法定董事规范进行构建，即认定相关主体具有法律上的董事身份，从而以董事相关规范对其加以规制。目前，我国关于董事之规范仍限于一般经法定程序选任的董事的情形，故以"董事身份"为基础的归责路径几乎不可能与现有董事规范相冲突。其次，若构建"董事身份"归责路径，其性质上将更接近于对现有制度的添附。换言之，创设相应的规则几乎不会对现有董事义务规范进行根本性的改变，同时其具体规则的构建也无须以"根本大法"（如公司法）修法为必要前提。最后，证监会的监管态度与"董事身份"归责路径较为契合。如前文所述，在信息披露违法违规案件中，证监会多会以违反勤勉义务为由，将未积极参与信披违法违规行为的董事认定为"其他责任人员"；而在听证程序中，证监会处罚委也对是否采纳案涉董事已勤勉尽责的申辩意见颇具心得。从而，若以"董事身份"作为责任承担的基础，监管部门在适用相关规则时也可参考此前积累的丰富执法经验。

结合上述情形，后文将讨论"影子董事""事实董事"及"法人董事"等制度，并尝试以"董事身份"的角度回应委派董事之股东的信披违法行政责任问题。

一、回应之一：影子董事与事实董事制度

（一）影子董事的一般规范

1. 影子董事的概念

所谓的影子董事，通常被描述为"公司董事习惯于按照其指示或指令行事

的人"。①这一概念最初发源于英国法，发展至今已百年有余，其在成文法上的出现最早可追溯至 the Companies（Particulars as to Directors）Act of 1917，而这一名词本身的出现则可追溯至英国《1980年公司法》（*Companies Act* 1980）。②承袭既往之规定，英国《2006年公司法》第251条将影子董事规定为"在公司法规中，与公司相关的'影子董事'是指公司董事习惯于根据其指导或指示而行事的人"；同时，依据该条第二项规定，一主体也不会将仅因存在"基于该主体以专业身份提供的建议而行事""根据该主体在行使被一项制定法赋予的职责时提出指示、指导、指引或建议而行事""根据该人以内阁成员身份提出的指引或建议而行事"等事项而被视为影子董事，如会计师、律师或税务专家不会仅因其向公司董事提供专业意见而被视为影子董事；最后，考虑到该部公司法第2章（董事的一般义务）、第4章（要求成员批准的交易）以及第6章（与是董事的单个成员的合同）立法之目的，该条又特别规定，法人不会仅因"子公司的董事习惯于根据其指导或指示行事而视为其任何子公司的影子董事"。③对此，有学者将认定影子董事的关键要素概括为以下两点：一是其是否对公司董事发出指导或指示，二是公司董事是否习惯于根据其指导或指示行事。④

除公司法的明文规定外，英国《1986年破产法》（*Insolvency Act* 1986）第251条、《1986年公司董事失格法》（*Company Directors Disqualification Act* 1986）第22（5）条、《2015年小型企业、企业和就业法》（*Small Business, Enterprise and Employment（SBEE）Act* 2015）第89条与第90条也涉及影子董事。在上述法规中，对于影子董事这一概念的定义与《2006年公司法》无本质区别，在

---

① 如英国《2006年公司法》（Companies Act 2006）将影子董事定义为"公司董事习惯于根据其指导或指示而行事的人"（"In the Companies Acts 'shadow director', in relation to a company, means a person in accordance with whose directions or instructions the directors of company are accustomed to act"）；我国香港特别行政区《公司条例》对"幕后董事（Shadow Directors）"的定义为"就法人团体而言，指该法人团体的一众董事或过半数董事惯于按照其指示或指令（不包括以专业身份提供的意见）行事的人"；澳大利亚《2001年公司法》（Corporations Act 2001）则在"董事"定义中特别提及一类董事，即"董事习惯听其命令或希望而行事之人"（"the directors of the company or body are accustomed to act in accordance with the person's instruction and wishes"）。

② 参见 Chris Noonan & Susan Watson. The Nature of Shadow Directorship: Ad Hoc Statutory Intervention or Core Company Law Principle [J]. Journal of Business Law, 2006: 763-798。

③ Companies Act 2006, s251. 中文翻译参见葛伟军. 英国2006年公司法（第3版）[M]. 北京：法律出版社，2017。

④ 参见林少伟. 英国现代公司法 [M]. 北京：中国法制出版社，2015。

此不再赘述。

鉴于英国《2006年公司法》将董事和影子董事分别进行定义①，可能存在的疑惑是，影子董事在法律上是否视同为董事。对此，英国司法实践已有共识，即影子董事是公司的董事，拥有董事的权利，也承担董事的义务及责任，但其承担的义务及责任范围可能与经法定程序选任的董事有所不同。②此外，其他采纳影子董事制度的普通法系国家也将"影子董事"归入"董事"之范畴。例如，澳大利亚《2001年公司法》（*Corporations Act* 2001）直接在"董事"定义中特别提及一类董事，即"董事习惯听其命令或希望而行事之人"，而该类董事正是"影子董事"。

2. 影子董事认定规则的发展

学者们通常认为，有三个判例对英国法及普通法系下（如澳大利亚、新西兰、新加坡、马来西亚、中国香港等）影子董事的认定规则产生了重大的影响，③ 其一是 Re Tasbian Ltd（No.3）④，其二是 Re Hydrodan（Corby）Ltd⑤，其三是 Secretary of State for Trade and Industry v. Deverell⑥。

（1）Re Tasbian Ltd（No.3）案：影子董事与专业顾问的区分

在 Re Tasbian Ltd（No.3）一案中，被指控为影子董事之人系公司财务顾问 Nixon。Nixon 受公司股东委派，主要任务是向股东汇报公司财务情况。为此，他担任公司银行账户的授权签字人，一定程度上控制公司资金使用、监督公司日常交易、与债权人协商延期清偿债务、代表公司与政府机关交涉等。此

---

① 英国《2006年公司法》第250条对"董事"定义如下：在公司法规中，"董事"包括任何处在董事职位之人，而不论其称谓为何。参见 Companies Act 2006, s250。

② 参见 Paul L. Davies. Gower and Davies's Principles of Company Law（Eighth Edition）[M]. London: Sweet & Maxwell, 2008。

③ 参见 Charles Wild & Stuart Weinstein. Smith and Keenan's Company Law（Seventeenth Edition）[M]. Harlow: Pearson Education Limited, 2016; Stephen Griffin. Company Law: Fundamental Principles（Fourth Edition）[M]. Harlow: Pearson Education Limited, 2006; 葛伟军. 英国2006年公司法（第3版）[M]. 北京: 法律出版社, 2017; 葛伟军. 英国公司法要义 [M]. 北京: 法律出版社, 2014. 林少伟. 英国现代公司法 [M]. 北京: 中国法制出版社, 2015; 赵金龙. 英国法上影子董事制度评述 [J]. 北方法学, 2010（1）: 137-138; 曾宛如. 影子董事与关系企业——多数股东权行使界限之另一面向 [J]. 政大法学评论, 2013（132）: 12; 郭大维. 我国公司法制对事实上董事及影子董事之规范与省思 [J]. 台北大学法学论丛, 2015（96）: 52-63。

④ 参见 Re Tasbian Ltd（No 3）[1991] B.C.C. 435。

⑤ 参见 Re Hydrodan（Corby）Ltd [1994] B.C.C. 161。

⑥ 参见 Secretary of State for Trade and Industry v Deverell [2001] CH 340。

外，他还参与公司将雇员关系转移等事宜。但从始至终，Nixon 未担任公司董事。①在 Tasbian Ltd 进入破产程序后，破产管理人主张 Nixon 构成影子董事，并依据英国贸易及工业大臣（Secretary of State for Trade and Industry）的指示向法院申请宣告 Nixon 失格。②

Vinelott 法官认为，外部投资者所委派的"看门狗"（Watch Dog）或者"顾问"，与"事实董事""影子董事"之间的界限确实难以划清。进而，他综合考虑 Nixon 的履职行为，尤其是考虑到 Nixon 安排转移公司雇佣关系等事宜，Vinelott 法官倾向于认为 Nixon 已经超越了"顾问"的范畴，而构成事实董事或影子董事。③

上诉法院的 Balcombe 法官则支持了 Vinelott 法官的观点。但不同于 Vinelott 法官，他更强调的是 Nixon 对于公司交易的监督以及对公司资金使用的控制。他指出，由于 Nixon 是公司银行账户的授权签字人，若未得到 Nixon 的同意，公司账户甚至将无法使用。该等事实也就意味着，Nixon 可以决定清偿哪些债务、以何种顺序清偿，从而 Nixon 在实际上可以控制该公司的各项事务。Balcombe 法官认为，Nixon 对于该公司的"控制"已经超越了"顾问"的范畴，也超越了其保护案涉公司母公司 Castle Finance Ltd 利益的范畴。基于上述理由，Balcombe 法官认为在案事实足以证明 Nixon 构成影子董事或事实董事。④

该判例有以下三点值得关注：首先，该案在一定程度上揭示了英国法院如何区分专业人士与影子董事，即综合所有要素评判，若发现被指控为影子董事之专业人士的所作所为，在某一阶段已经逾越专业人士的范畴，并实际控制了公司事务，则其应被视为影子董事或事实董事；⑤其次，该案也关注到"代理人"问题对影子董事认定的影响，即专业人士的行为若超越了其对委托人利益维护之要求，则专业人士也有可能构成"影子董事"；最后，该案还反映出影子董事与事实董事在区分上的困难，无论是 Vinelott 法官还是 Balcombe 法官均

---

① 参见 Re Tasbian Ltd（No 3）[1991] B. C. C. 435, at 439-441。

② 除上述案情外，该案还涉及破产管理人是否在《1986 年公司董事失格法》规定期限内（破产管理人指定之日 2 年内）作出有效申请的问题，并由此引发了复杂的诉讼程序。鉴于该等情形与本文主题无关，在此不再赘述。

③④ 参见 Re Tasbian Ltd（No 3）[1991] B. C. C. 435, at 441-443。

⑤ 参见 Stephen Griffin. Company Law: Fundamental Principles (Fourth Edition) [M]. Harlow: Pearson Education Limited, 2006; 郭大维. 我国公司法制对事实上董事及影子董事之规范与省思 [J]. 台北大学法学论丛, 2015 (96): 57。

【法制建设】

只论及 "Nixon 属影子董事或事实董事",而未进一步明确其究竟构成影子董事或是事实董事。

(2) Re Hydrodan (Corby) Ltd 案:影子董事认定范围限缩与"行为模式"的推定规则

在 Re Hydrodan (Corby) Ltd 一案中,Eagle Trust plc 间接持有 Hydrodan (Corby) Ltd 百分之百的股权。故在公司治理上,Hydrodan (Corby) 的 2 名董事均为由 Eagle Trust plc 所指派的法人董事(Tuscan Investment Ltd, Ithaca Investment Ltd)。在 Hydrodan (Corby) Ltd 进入破产程序后,破产管理人主张公司董事从事不正当交易(Wrongful Trading),应依据破产法承担相应责任;同时破产管理人认为,Eagle Trust plc 的两名董事为影子董事或事实董事,故诉请法院判决前述两名董事应承担与破产公司董事同等的责任。①

Millett 法官未支持该等诉求。②首先,Millett 法官对影子董事与事实董事进行区分,在他看来,同为未经法定任命的董事,事实董事以董事身份行事,影子董事则以否认董事身份为特征,即"他躲在影子里,隐藏在那些被他称为公司董事之人的身后"③。进而,Millett 法官提出,为认定一个主体为影子董事,则有必要证实以下四个问题:第一,公司的董事(无论是法定董事(De jure Director)还是事实董事)的组成人员;第二,被指控为影子董事的主体指示前述公司董事如何行事,或其正是作出该等指示的多个主体中的一员;第三,前述公司董事根据该等指示行事;第四,前述公司董事已经习惯于根据该等指示行事。关于前述第四个问题,Millett 法官强调其需要证实两个方面:一方面,该公司的董事会声称并打算根据被控为影子董事的主体作出的指示行事④;另一方面,在董事会根据该等指示的行为模式(A Pattern of Behavior)下,董事会不会行使任何自身的裁量权或作出自己的判断,而仅仅是根据该等指示行事。

具体到该案中,Millett 法官认为破产管理人不区分影子董事与事实董事的

---

① 参见 Re Hydrodan (Corby) Ltd [1994] 2 BCLC 161, at 161-162。
② 参见 Re Hydrodan (Corby) Ltd [1994] 2 BCLC 161, at 162-165。
③ 原文为 He lurks in the shadow, sheltering behind others who, he claims, are the only directors of the company to the exclusion of himself。
④ 有学者认为该等要求表明其程度已可使影子董事产生其指示或指令将被公司董事会遵守的重要期待(Significant Expectation)。参见 Griffin Stephen. Confusion Surrounding the Characteristics, Identification and Liability of a Shadow Director [J]. Insolvency Intelligence, 2011, 24 (3): 44-45。

主张并不可采用,该案实际涉及的问题为影子董事之认定。进而通过对上述问题的判断,Millett 认为 Eagle Trust plc 或有可能构成影子董事,但这并不意味着其董事也当然构成影子董事,即 Eagle Trust plc 的董事以该公司董事会成员之身份形成董事会决议,是在履行其作为该公司"代理人"(Agents)①的职责,若该等董事所作所为并未超越其作为实际控制的母公司之董事的职责范围时,则无理由认定该等董事为影子董事。换言之,影子董事之董事必须具备其他的额外情形才可能构成影子董事。最终,由于案涉破产管理人并未具体证明该等董事有任何超越其作为 Eagle Trust plc 之董事职责范畴的行为,故 Millett 法官认定该等董事不构成 Hydrodan(Corby)Ltd 的影子董事。

结合《2006 年公司法》第 251 条规定,可以发现该案至少有以下三点值得注意。

首先,该案限缩了影子董事的认定范围,主要体现在三个方面:第一,影子董事必须是公司董事(包括法定董事和事实董事)的"幕后之人",从而以区分影子董事与事实董事。第二,子董事实际仅指向直接作出指示之人,而不包括间接作出指示之人,如一个法人可能构成影子董事,但不会当然地导致该法人之董事也构成影子董事。第三,影子董事对董事的影响不能仅限于个别董事,而需要对董事会产生影响,即影子董事至少需要影响(或说控制)多数董事。

其次,该案提出了认定"习惯于按照其指示或指令行事"的推定规则。具体而言,该案将"习惯"解释为"行为模式",即"董事会不会行使任何自身的裁量权或作出自己的判断,而仅仅是根据该等指示行事"。进而,若能证明董事会存在该等行为模式,便推定公司董事及董事会已"习惯于按照其指示或指令行事";反之,则可推定相关主体不构成影子董事。关于该规则的运用,Millett 法官曾在其文章中以银行为例进行过说明:当银行向陷入困境的公司提出各类要求以作为银行提供支持条件时,无论事实上公司董事会是否有拒绝的可能,只要董事会在形式上仍可拒绝该等条件,则银行对公司进行的此种

---

① 原文注:或更准确地说是作为 Eagle Trust 的机构(or more accurately as the appropriate organ of Eagle Trust)。

指示并不会使其成为该公司的影子董事。①

最后，从举证责任的角度看，被控为影子董事的一方当事人无须自证其不构成影子董事。考虑到"影子董事嫌疑人"与案涉公司法定董事之间经常存在的紧密联系，以及公司治理本身所具有的内部性特征，此种选择显然将加大影子董事的认定难度。

（3）Secretary of State for Trade and Industry v. Deverell 案：影子董事概念的扩张与客观标准的提出

Secretary of State for Trade and Industry v. Deverell 一案则多被视为英国法下有关影子董事认定规则的另一分水岭。在该案中，Euro Express Ltd 是一家进入债务清理程序（Creditors' voluntary Liquidation）的旅游公司，英国贸易及工业大臣请求法院宣告该公司的 3 名董事及 2 名实际参与公司经营、对董事会具有影响力②的影子董事（John Deverell 与 Peter Hopkins）失格。③

衡平法院的 Cooke 法官认为，Deverell 和 Hopkins 并不构成该公司的影子董事。其主要理由如下：第一，他们对公司的"建议"（Advice），不构成对公司董事的"指示"或"指令"（Directions or Instructions），因为其"建议"本身不具有强制性的效果；第二，他们虽然在公司决策和经营中发挥重要作用，但未有证据证明二人与董事会之间存在服从关系（Subservient Relationship），以至于董事会不能独立进行决断。因此，衡平法院拒绝宣告二人失格。

随后，该案上诉到上诉法庭。Morritt 法官推翻了衡平法院的判决，并认定 Deverell 和 Hopkins 二人构成影子董事，并宣告二人适格。在解释其裁判理由时，Morritt 法官主要提出了以下观点。④

首先，Morritt 法官提出，鉴于公司法等规范影子董事的相关立法旨在保护公众利益，且董事失格法具有准刑事的法律后果，故对影子董事的认定不应采取严格解释。进而，他指出，影子董事相关法规的立法目的在于规范那些除专

---

① 参见 Dan Prentice. Corporate Personality, Limited Liability, the Protection of Creditors, in Charles E. F. Rickett & Ross B. Grantham, Corporate Personality in the 20th Century [M]. Oxford: Hart Publishing, 1998。

② 参见 Secretary of State for Trade and Industry v Deverell [2001] CH 340, at 344-350。

③ 英国法下的董事失格，是指因特定原因当然丧失或经法院宣告而丧失担任董事、清算人、破产管理人、重整负责人或直接、间接参与公司之发起、设立或经营之资格。参见曾宛如. 有限责任与债权人之保护 [J]. 台湾大学法学论丛，2006，35（5）：105-106。

④ 参见 Secretary of State for Trade and Industry v Deverell [2001] CH 340, at 350-363。

业顾问外、对公司经营事务有真正影响力之人,但并未要求此种影响力及于相关公司的全部事务;同时,尽管影子董事多为幕后指挥董事之人,但也不应排除那些在台面上指挥董事之人。该等观点成为 Morritt 法官展开其论述的前提。

其次,Morritt 法官不认为影子董事对董事会的影响需达到董事会完全放弃裁量权的程度。在其看来,"置于服从地位"(Subservient Role)、"放弃行使自身裁量权"的证明要求已经超越了法律规定的"习惯如此行事"(Accustomed to Act)的字面含义。因此,他主张法院对影子董事认定的真正要求,是其指示或指令经常性地被董事会所遵守,且其指示涵盖了对公司治理而言重要的事项。

最后,Morritt 法官主张,法院在考虑董事会是否习惯于按照被指控为影子董事之人的指示或指令行事时,"指示""指令"和"建议"在客观上并无区别,仅需关注该等指示客观上是否被董事会所遵守。一方面,法规就影子董事的界定规定了但书条款以排除专业人士提供的建议,实际意味着"建议"本身通常可以被包含在"指示或指令"的范畴。另一方面,"指示"和"指令"的概念并未排除其与"建议"这一概念所共同具有的"指导"(Guidance)之特征,无论用何种概念称呼被指控为影子董事之人任何通过文字或行动而为之沟通,法院均无须去证明相关指示的发出者或接受者对相关指示有正确理解(Understanding)或期待(Expectation),仅需关注该等指示或指令对董事会实际产生的影响,审查在客观上董事会是否习惯遵守该等指示。

如果说 Re Hydrodan(Corby)Ltd 案的重要影响是其限缩了影子董事的认定范围,那么 Secretary of State for Trade and Industry v. Deverell 一案则是明显扩张了对该概念的认定。此种扩张主要体现在以下三个方面:第一,依据该案裁判观点,未经法定程序选任、对公司经营业务具有实际影响者(Involved in the Internal Management of the Company)均可能构成影子董事,而无须区分其是否隐藏董事身份,这一扩张将使对影子董事的认定与以往裁判的认定范围大相径庭;①第二,该案模糊了"指示""指令"和"建议"的界限,认为无须考察三者是否均具有强制性的问题,仅需关注相关言行是否客观上产生董事会遵从的

---

① 参见 Stephen Griffin. Company Law: Fundamental Principles (Fourth Edition) [M]. Harlow: Pearson Education Limited, 2006。

效果;① 第三,该案提出的客观标准降低了影子董事的认定难度,其舍弃了对影子董事、董事会主观层面问题的考察②,也不再要求影子董事"控制"过半数以上的董事会席位,即相关主体若通过"控制"少数董事促使董事会作出与其"指示"相符的决议,也构成影子董事的"控制"要件。③

该等对影子董事定义的扩张及认定难度的降低将产生以下两个问题:一方面,该标准未区分影响力是否来自公司管理层内部,将可能导致公司经理、高管被认定为影子董事;另一方面,若仅从相关"指示""指令"或"建议"在客观上经常性地被董事会遵循,即认定发出该等"指导"之人为影子董事,则有可能将使对董事会毫无控制力之人也可能因为董事会经常听从其"建议"而被认定为影子董事。④

(4)小结

通过对上述三起案件的整理,可以发现在影子董事的认定规则上呈现两种趋势。

第一,法院对于影子董事"控制力"的要求呈现从严到从宽的趋势。具体而言,在 Re Tasbian Ltd(No.3)一案中,法院要求影子董事实际控制公司事务;而在 Re Hydrodan(Corby)Ltd 一案中,法院甚至要求影子董事对董事会的控制力须达到董事会完全放弃自身裁量权之程度。但到了 Secretary of State for Trade and Industry v. Deverell 一案中,此种"控制力"的要求则降到了"董事会客观上遵循影子董事指示"。此外,从影子董事所"控制"的董事席位看,法院也不再要求影子董事实际"控制"半数以上的董事。需要说明的是,此种要求并非仅有个案,英国法院在后续的 Secretary of State for Trade and Industry v. Becker 案、Ultraframe(UK)Ltd v. Fielding 案以及 Smithton Ltd(Formerly Hobart Capital Markets Ltd)v. Naggar 案等具有影响力的案件中,除强调"习惯"至少应维持一段时间而不能仅针对单一事件、影子董事对董事会的

---

① 参见 Chris Noonan & Susan Watson. The Nature of Shadow Directorship: Ad Hoc Statutory Intervention or Core Company Law Principle [J]. Journal of Business Law, 2006.

② 参见 Stephen Griffin. Company Law: Fundamental Principles (Fourth Edition) [M]. Harlow: Pearson Education Limited, 2006;林少伟. 英国现代公司法 [M]. 北京:中国法制出版社,2015。

③ 参见曾宛如. 影子董事与关系企业——多数股东权行使界限之另一面向 [J]. 政大法学评论, 2013 (132): 55。

④ 参见 Griffin Stephen. Confusion Surrounding the Characteristics, Identification and Liability of a Shadow Director [J]. Insolvency Intelligence, 2011, 24 (3): 45-46。

影响应解释为对董事会多数董事具有影响为宜、对影子董事的认定仍需考虑事实及程度问题等更加具体的认定问题外，大体上均遵循了 Secretary of State for Trade and Industry v. Deverell 案的认定标准。①

第二，法院对于影子董事与事实董事的区分标准则呈现从模糊到清晰、再从清晰到模糊的趋势。如前文所述，在 Re Tasbian Ltd（No. 3）一案中，Vinelott 法官和 Balcombe 法官并不强调对影子董事与事实董事进行区分。到了 Re Hydrodan（Corby）Ltd 一案中，Millett 法官则认为此种对影子董事与事实董事不加区分的认定方式并不可采用，其强调影子董事须为严格意义上的"幕后之人"，从而与"光明正大"行使董事职权、或声称自己具有董事身份的"事实董事"加以区分。但到了 Secretary of State for Trade and Industry v. Deverell 一案中，由于 Morritt 法官对影子董事概念进行扩张，直接导致经由 Millett 法官所阐明的界限再度模糊，影子董事和事实董事再次成为可能重叠的概念。就目前英国法的司法实践来看，此种趋势暂无再度"反转"的迹象，如在近年的 Smithton Ltd（formerly Hobart Capital Markets Ltd）v. Naggar 一案中，法院虽指出影子董事与事实董事系不同的概念，但同时也表示二者可能重叠，相关主体可能同时构成影子董事与事实董事。②基于该等情形，有学者认为此种对"影子董事"概念的拓宽可能是未来不可逆的趋势。③

3. 影子董事的责任

英国《2006 年公司法》上关于影子董事责任及义务的规定大体可分为两种类型。

其一是明文规定相关条文适用于影子董事④，如使用误导性公司名称而被处罚的情形、公众公司不置备秘书名册或不就名册向主管部门登记而被处罚的情形，以及因年度报表申报问题而被处罚等情形。

其二则是关于影子董事负有董事一般义务（General Duties）的情形。根据

---

① 参见郭大维. 我国公司法制对事实上董事及影子董事之规范与省思 [J]. 台北大学法学论丛, 2015 (96): 61。
② 参见 Smithton Ltd（formerly Hobart Capital Markets Ltd）v. Naggar [2014] B. B. C. 482。
③ 参见林少伟. 英国现代公司法 [M]. 北京：中国法制出版社, 2015。
④ 该等规定包括 Companies Act 2006, s63 (2), s68 (5), s75 (5), s76 (6), s84 (2), s156 (6), s157 (5), s162 (6), s165 (4), s167 (4), s187, s223, s230, s231 (5), s239 (5), s247 (5), s251, s260 (5), s265 (7), s272 (6), s275 (6), s276 (3), s379 (1), s458 (6), s460 (6), s519 (8), s521 (6), s853L (1) 等。

【法制建设】

英国《2006年公司法》第170条第5项规定，"在对应的普通法规则（Common Law Rules）及衡平法原则（Equitable Principles）之下，有关董事的一般义务适用于影子董事"。而所谓的董事一般义务，则在该法第171条到177条列明了具体类型。

实际上，成文法列举的董事一般义务系对英国法院在长达数百年间关于董事义务之裁判观点的高度凝练，也属普通法规则及衡平法原则在成文法中的体现。①但如果成文法规定的董事一般义务已是对普通法规则和衡平法原则的体现，那么"在对应的普通法规则及衡平法原则之下"又属何种情形？

其实，该等限定条件在英国贸易及工业部（Department of Trade and Industry）于2005年3月所公布的《公司法改革法案白皮书》中并无体现。依据白皮书的主张，尽管影子董事的法定义务应当有别于经法定选任程序、合法登记之董事，但包括影子董事在内的所有行使董事职权的人均应遵守公司法所规定的董事一般义务。②按照英国学者的理解，2006年国会通过的公司法之所以如此加以限定，实则是将该问题仍留待于法院透过相关判决来明确影子董事应遵守的普通法规则和衡平法原则，最终实现对影子董事承担责任范围的界定。③

但问题是，在英国司法实务为数不多的相关案例中，对于影子董事义务的理解并未达成共识。例如，在1998年的Yukong Line Ltd of Korea v. Rendsburg Investment Corp of Liberia一案中，法院认为相关主体虽然不构成案涉公司的事实董事，但构成控制该公司业务的影子董事。进而，法院主张影子董事应当同法定董事一样，对公司负有相同的义务。④但在2005年的Ultraframe（UK）Ltd v. Fielding一案中，Lewison法官则直接否定前案的观点。在其看来，前述案件所涉主体应属事实董事，故并不涉及影子董事是否承担与法定董事相同义务的问题，自然也不会产生既判力。进而，Lewsion法官提出，倘若英国公司法立法者有意使影子董事与法定董事同等视之，则大可将影子董事直接纳入董事的定义，但公司法条文却未如此进行规定，显然表示立法者认为影子董事的责

---

① 参见葛伟军. 英国2006年公司法（第3版）[M]. 北京：法律出版社，2017。
② 参见郭大维. 我国公司法制对事实上董事及影子董事之规范与省思 [J]. 台北大学法学论丛，2015（96）：65。
③ 参见 Len Sealy & Sarah Worthington. Sealy and Worthington's Cases and Materials in Company Law [M]. Oxford: Oxford University Press, 2013。
④ 参见 Yukong Line Ltd of Korea v. Rendsburg Investment Corp of Liberia [1998] 1 W. L. R. 294.

任、义务应有别于一般董事。①在 Lewsion 法官看来，衡平法下的信义义务（Fiduciary Duty）是基于一种信赖关系（A Relation of Trust and Confidence）而产生的，即受托人同意为委托人处理事务，而委托人对于受托人具有合理的信赖与期待。在事实董事的场合，事实董事自愿为公司处理事务，并因此直接控制公司资产，故法律可以基于该等情形拟制信赖关系（Constructive Trust）的存在。但影子董事与公司之间的关系仅是一种间接的关系，法律也不能在二者之间进行信赖关系的拟制。因此，Lewsion 法官主张，除非法律有明文规定，否则依据衡平法原则，影子董事仅在直接控制公司财产，或以欺诈方式取得公司财产的情形下，才对公司负有与法定董事、事实董事相同的信义义务。②

Ultraframe（UK）Ltd v. Fielding 一案判决出现后随即招致了英国学界的批评。有学者认为，该等裁判观点大大缩减了影子董事的责任范围，方便影子董事逃脱责任，实属不妥。③另有观点则直指 Lewsion 法官的论证基础，主张事实董事之所以要承担信义义务无关"信赖关系"，仅是因为其事实身处于"董事"之位。由此观之，就责任与义务的层面而言，构成影子董事的情形与构成事实董事的情形并无明显区别。④此外，英国司法实务对上述判决也有质疑。例如，在 2013 年的 Vivendi SA v. Richards 一案中，法院就主张任何身居于董事职位之人均具有受托人之地位，自然负有信义义务。⑤

相比起英国公司法上的纠结，英国《2000 年金融服务与市场法》（Financial Services and Markets Act 2000）对上述问题的态度则更为直接。在该法第 417 条"定义"中，董事的定义直接包含了"公司董事习惯于按照其指示或指令行事的人"。⑥换言之，在《2000 年金融服务与市场法》下，所有关于董事的责任与义务可直接适用于影子董事。前述立法方式同样见于澳大利亚《2001 年公司法》，而新西兰《1993 年公司法》（The Companies Act 1993）虽在对影子董事责任的明文规定上与英国公司法相近，但其并未有"在对应的普通法规则及衡

---

①② 参见 Ultraframe（UK）Ltd v. Fielding [2005] EWHC 1638（Ch）。
③ 参见 Paul L. Davies. Gower and Davies's Principles of Company Law（Eighth Edition）[M]. London: Sweet & Maxwell, 2008。
④ 参见 D. D. Prentice & Jenny Payne. Directors' Fiduciary Duties [J]. Law Quarterly Review, 2006 (122): 562。
⑤ 参见 Vivendi SA v. Richards [2013] B. C. C. 771。
⑥ 参见中国证券监督管理委员会. 英国 2000 年金融服务与市场法 [M]. 北京：法律出版社，2014。

平法原则之下"的限定。

从而，若暂且搁置英国公司法上的争论，大体上可以认为影子董事负有与法定董事、事实董事相同的责任与义务。

（二）事实董事的一般规范

1. 事实董事的概念

正如前文讨论影子董事认定规则发展时所展现的，事实董事是与影子董事相近的概念，其指向未经法定选任及登记程序，却执行董事职务之人。现行英国《2006年公司法》第250条规定，公司法规中所指"董事"，包括任何处在董事职位之人，而不论其称谓为何。通说认为，英国法下董事的概念包含事实董事，即除经法定程序选任并登记的法定董事外，未经合法有效选任程序者、已离职董事或无权代表者，若其行使董事职权，仍有可能被认定为事实董事而受到公司法的规范。而澳大利亚《2001年公司法》第9条在定义"董事"时则明确规定，对于未经合法程序选任、却以董事之职行事之人，视同为董事，即事实董事。

但区别于影子董事，"事实董事"并非成文法上的概念，而是法院在司法实践中所创设出来的概念。其概念的最早提出可追溯至1840年的Mangles v. Grand Collier Dock Co一案。① 但是，在该概念提出后的早期实务上，对于事实董事的认定，往往限于法定选任程序存在瑕疵，或是任期届满仍继续履行董事职责之人。一直到1988年的Re Lo-Line Electric Motors Ltd一案，法院将未曾经过任何法定选任程序但事实上执行董事职权之人认定为事实董事后，② 才终于使事实董事的认定拓展至未经任何法定选任程序却执行董事职务之人。③

2. 事实董事的认定规则的发展

在1988年的Re Lo-Line Electric Motors Ltd一案中，法院开始将事实董事的认定范围拓展至未经任何法定选任程序却执行董事职权之人，但关于事实董事的认定规则，彼时尚不明晰。④

到了前文提及的1994年Re Hydrodan（Corby）Ltd一案时，Millett法官提出

---

① 参见Len Sealy. Paycheck Services 3 Ltd: The Supreme Court Reviews the Concept of the De Facto Director [J]. Company Law Newsletter, 2011 (287): 1-2.

② 参见Re Lo-Line Electric Motors Ltd [1988] Ch 477.

③ 郭大维. 我国公司法制对事实上董事及影子董事之规范与省思 [J]. 台北大学法学论丛, 2015 (96): 51.

④ 参见Re Lo-Line Electroc Motors and Others [1988] Ch. 477.

事实董事须以对外表示其董事身份、实际行使董事职权为特征。其中，董事职权须仅为董事方能行使之职权，若其所处理事务是公司管理层的职务范围，则不属于行使董事职权的范畴。①但是，Millett法官并没有明确哪些事项是认定事实董事时法院所必须加以考虑的，因而相比起影子董事的认定规则，该等认定方式还是稍显粗糙，且稍欠实务操作性。

在1996年的Re Richborough Furniture Ltd.一案中，Timothy Lloyd法官则提出了"同等地位测试标准"（Equal Footing）来认定事实董事。简而言之，Timothy Lloyd法官认为，法院在认定某一主体是否构成事实董事时，必须要证明以下两种情形之一：一是该主体是唯一指挥公司事务者，或与其他同样未经合法董事选任程序之人一起行事；二是如有其他经法定程序合法选任的董事，则该主体须与该等法定董事处于平等地位，共同指挥公司事务。②换言之，该等标准实际上系一种单一维度的测试标准，即事实董事必须与法律董事处于同等地位，且能够实际管理公司事务。③

但是，此种单一维度的认定标准很快被英国法院所摒弃。在1997年的Secretary of State for Trade & Industry v. Tjolle一案中，英国法院开始认为对事实董事的认定应采取灵活的标准，将所有与之相关的内部、外部因素予以综合考虑。

具体而言，在该案中，被指控为影子董事的Kenning是案涉公司的销售人员，为销售业务需要其曾使用多个带"董事"名称的头衔，可对外宣称其是公司的执行副董事（Deputy Management Director），并在其就职期间曾参加还参加了约13次所谓的"董事会会议"（Board Meeting）。但直至其离职，Kenning均未经法定程序任命为董事。④

Jacob法官则认为，鉴于与事实董事相关的诸多问题均属于"程度的问题"（A Question of Degree），故很难仅依据一个单一的、具有决定性的标准（Postulate Any One Decisive Test）来认定事实董事。因此，法院必须审查所有相关事实，包括相关主体是否曾经被认定为董事、相关主体是否曾经使用过董事名

---

① 参见Re Hydrodan（Corby）Ltd［1994］2 BCLC 161, at 162-163。
② 参见Re Richborough Furniture Ltd［1996］B. B. C. 155, at 155。
③ 参见Stephen Griffin. Establishing the Liability of a Director of a Corporate Director: Issues Relevant to Disturbing Corporate Personalit［J］. Company Lawyer, 2013（34）: 135-136。
④ 参见Secretary of State for Trade & Industry v. Tjolle［1998］B. C. C. 282, at 283-286。

称、相关主体是否拥有足够的信息（如管理公司账户）并可据此作出决策、相关主体是否能够为公司作出重大决定等等，并根据审查的结果判断相关主体是否构成公司治理结构的一部分（Part of the Corporate Governing Structure）。具体在本案中，Kenning虽曾使用过董事头衔，但鉴于许多企业为拓展业务常大发"董事"头衔，仅存该等事实并不足以认定其构成事实董事；而从具体职权来看，Kenning仅负责销售、营销和客服业务，未知悉公司的财务状况，不就公司重大事项进行决策，经综合认定，其不属于构成公司治理结构一部分的事实董事。①

在该案后，综合认定标准成为法院认定事实董事的主流判断标准。例如，在1999年的Re Kaytech International plc一案中法院便再次重申了该等标准。②需要强调的是，英国法院已在司法实践中明确，法院所提及的各项事实均仅是判断事实董事的因素之一，没有一个因素是必要条件，法院最终需要结合案件的各项事实，综合认定相关主体是否构成"公司治理结构的一部分"，进而认定其是否构成事实董事。③在此等情形下，相关主体是否曾使用过董事名称、是否对外以董事身份自居，虽会影响法院对事实董事的认定，但都不将成为必要条件。

因此，适用综合认定标准实际上产生了两种后果。其一，综合认定标准下的事实董事认定更加灵活，但也可能更加不可预测。其二，事实董事的概念大大扩张，与影子董事的界限也日趋模糊，二者概念重叠的可能性又大大增加。

3. 事实董事的责任

如前文讨论影子董事责任时所提及的，鉴于事实董事在英国法下本身就是从"董事"定义中发展出来的概念，故英国理论与司法实务均认可其与经法定程序选任之董事具有同等地位，并负有相同的责任与义务。④

（三）影子董事与事实董事的区分

通过上文对影子董事与事实董事规范的梳理及比较，可以发现，随着影子董事与事实董事这两个概念自身的不断扩张，二者已从原先互相排斥的概

---

① 参见Secretary of State for Trade & Industry v. Tjolle [1998] B. C. C. 282, at 289-297。
② 参见Re Kaytech International plc [1999] B. C. C. 390。
③ 参见Len Sealy. Paycheck Services 3 Ltd: The Supreme Court Reviews the Concept of the De Facto Director [J]. Company Law Newsletter, 2011 (287): 3。
④ 参见Paul L. Davies, Gower and Davies's Principles of Company Law (Eighth Edition) [M]. London: Sweet & Maxwell, 2008。

念，逐渐发展为存在重叠可能的概念。但二者仍存在以下区别：第一，影子董事和事实董事参与公司业务及决策的方式还是存在差异，影子董事参与公司治理的方式主要是通过向其"控制"的董事发出指示以实现间接控制，而事实董事则多为直接参与公司业务及公司决策；第二，影子董事需要对董事会决议具有实质上的影响力，事实董事仅需作为董事会决议的一部分，而无须对董事会决议有实质的影响力。

至于是否具有董事的权力外观、是否隐藏其对公司的控制力等因素，在传统的观点下对于影子董事、事实董事的认定具有举足轻重的地位，但就目前英国的司法观点来看，该等因素恐怕已难以作为区分影子董事和事实董事的特征。

（四）影子董事与事实董事的信息披露责任

上述讨论描摹了影子董事及事实董事制度的一般规范。但若将其作为委派董事之股东追责问题的参考，仍有必要考察影子董事与事实董事的信息披露责任问题。

在法律法规层面，影子董事与事实董事承担信息披露责任并无疑议。如前文所述，英国《2000年金融服务与市场法》第417条同时将"影子董事"和"事实董事"纳入该法的"董事"定义之下，从而该法第91条赋予主管机关就违反上市规则情形对发行人董事进行处罚的权力自然及于影子董事和事实董事。①此外，澳大利亚《2001年公司法》不仅将"影子董事""事实董事"均涵盖在"董事"的定义之中，②同时还在该法第729条论及上市公司虚假陈述责任主体时，将"影子董事"直接列入该规定之附注（此处也是澳大利亚公司法唯一一处出现"影子董事"这一名词）。③

除普通法系的立法参考外，我国台湾地区于2012年"公司法"修法时参考英国公司法有关"影子董事""事实董事"制度，新增"公司法"第8条第

---

① 参见中国证券监督管理委员会编译．英国2000年金融服务与市场法［M］．北京：法律出版社，2014。
② 参见 Corporations Act 2001, s9。
③ 参见 Corporations Act 2001, s729。

3项规定①，其中明确说明，对于构成"实质上执行董事实务"之人（事实董事）和"实质指挥董事业务"之人（影子董事），负有与董事相同的行政处罚责任，即包括信息披露违法违规责任。

就监管执法而言，以英国金融行为管理局（Financial Conduct Authority，FCA）②为例，该监管主体已将"影子董事""事实董事"的情形纳入其监管范畴，例如，在其颁布的《上市规则》中，"影子董事""事实董事"不但明确地被"董事"定义所涵盖，同时该规定更是明确将"影子董事"及"事实董事"列为上市公司的关联方。③同时，在2019年英国金融行为管理局针对苏格兰皇家银行（Royal Bank of Scotland's，RBS）全球重组集团（Global Restructure Group）的一项公开报告中，也将"是否构成影子董事"作为其调查的一项内容。④此外，澳大利亚证券和投资委员会（Australian Securities & Investments Commission，ASIC）也在其颁布的监管文件中提及"投资者在实质影响公司运营的情况下可能会构成影子董事""影子董事的认定范围不以自然人为限"。⑤

英国金融行为监管局网站也披露了不少就信息披露违法违规行为向"影子董事"或"事实董事"进行处罚的案例。⑥但是，相比起法院判决，监管部门在处罚中几乎不涉及对影子董事或事实董事认定的讨论。例如，在Final Notice DWW01072中，监管部门径直认定相关主体以事实董事或影子董事身份行事，未就认定规则展开讨论⑦；而在Decision Notice：Thomas Henry Ward中，监

---

① "公司法"第8条第3项：公开发行股票之公司之非董事，而实质上执行董事业务或实质控制公司之人事、财务或业务经营而实质指挥董事执行业务者，与本法董事同负民事、刑事及行政处罚之责任。但政府为发展经济、促进社会安定或其他增进公共利益等情形，对政府指派之董事所为之指挥，不适用之。

② 其前身为英国金融服务监管局（Financial Services Authority，FSA）。从2013年4月1日起，英国金融服务监管局被取消，其原先的职能由英国金融行为管理局和英国审慎监管局（Prudential Regulatory Authority，PRA）分别承担。

③ 参见Listing Rules Release 136 s11.1.4 [EB/OL] [2021-02-26]. https：//www.fca.org.uk/publication/handbook/ukla-release136.pdf。

④ 参见Financial Conduct Authority. Report on the Financial Conduct Authority's further investigative steps in relation to RBS GRG [EB/OL] [2021-02-26]. https：//www.fca.org.uk/publication/corporate/fca-report-further-investigation-rbs-grg.pdf。

⑤ 参见Regulatory Guide 128 Collective by investors RG128.58，RG128.59，RG128.60 [EB/OL] [2021-02-26]. https：//download.asic.gov.au/media/3273670/rg128-published-23-june-2015.pdf。

⑥ 检索方式：谷歌搜索"shadow director site：https：//www.fca.org.uk/""de facto director site：https：//www.fca.org.uk/"。

⑦ 参见Final Notice (DWW01072) [EB/OL] [2021-02-26]. https：//www.fca.org.uk/publication/final-notices/derek-wright.pdf。

管部门虽列举了其认定相关主体构成事实董事的诸项事实，但并未就此展开说理和讨论。①

一个值得关注的问题是，就本文检索的情况看，尚未检索到英国金融行为监管局或其前身英国金融服务监管局（Financial Services Authority，FSA）认定法人主体构成影子董事或事实董事并加以处罚的案例。该等情形出现的原因可能是多样的，如监管部门的执法倾向、监管部门文书的电子化公开程度以及本文检索能力欠缺等。但除去上述因素外，还有两种可能。

第一种可能是英国《2015年小型企业、企业和就业法》立法变化造成的影响。《2006年公司法》第155条规定，"公司必须设置至少一名自然人董事"，其隐含之意是包括法人在内的非自然人也可成为董事。但《2015年小型企业、企业和就业法》第87条废除了《2006年公司法》第155条的规定，转而新增第156A条规定，即"所有的董事须为自然人"（Each Director to Be A Natural Person）。尽管第156A条第4款明确规定，对董事须为自然人之要求并不影响相关主体构成事实董事或影子董事时所需要承担的责任②，但该等立法之变化或有可能影响监管部门关于法人主体是否可构成影子董事或事实董事的判断。

第二种可能是监管部门为避免自身构成影子董事而形成的监管倾向。从公开文件看，在英国金融行为监管局2014年向英国议会下议院财政部特别委员会（Treasury Select Committee）提交的一份"针对影子董事嫌疑的说明"中，英国金融行为监管局承认，在很多场合英国金融行为监管局在事实和法律上所发挥的作用、对董事决策和行为的影响力，都将使其有可能被认定为"影子董事"，但该监管主体认为，法律规定影子董事的立法目的在于规制那些未经法定任免程序而又事实上行使董事职权、规避法定框架的个人，而并不意在限制那些在法定框架内行事的监管者；同时，英国金融行为监管局也提出其将采取一定的措施来最小化其被认定为影子董事的风险。③考虑到该等情形，若监

---

① 参见 Decision Notice：Thomas Henry Ward［EB/OL］［2021-02-26］．https：//www.fca.org.uk/publication/decision-notices/thomas-henry-ward-2019.pdf。

② 原文为 Nothing in this section affects any liability of a person under any provision of the Companies Acts or any other enactment if the person—（a）purports to act as director，or（b）acts as shadow director。

③ 参见 Appearing to Act as a Shadow Director．［EB/OL］［2021-02-27］．https：//www.parliament.uk/globalassets/documents/commons-committees/treasury/FCA_submission_on_appearing_to_act_as_a_shadow_director.pdf。

管部门大张旗鼓地以"影子董事""事实董事"制度向法人主体进行追责,则其对"立法目的"的解释恐怕就难以自圆其说,而自身被认定为"影子董事"的风险也可能随之加大。

总之,尽管相关的重要案例多集中在破产和董事失格领域,但参考域外立法及执法经验,证券法下信息披露违法违规案件的责任追究同样可以适用影子董事及事实董事的相关制度。

证券法实现投资者赔偿的
创新机制分析与先赔后缴制度构建

高振翔*

摘 要：我国证券法自1998年出台，就已确立证券民事赔偿责任优先原则，但该原则至今未能付诸实践。2019年修订的新证券法规定责令回购制度、先行赔付制度、行政和解制度等实现投资者赔偿的创新机制，肯定上述机制发挥作用的同时，也应看到其局限性，改进现有机制的尝试尚不足以彻底解决证券民事赔偿责任优先原则落空的现实问题，构建证券罚没款先赔后缴制度具有必要性。先赔后缴制度包括暂缓入库和财政回拨两个方面，具体制度构建可从申请程序与时限、资金管理与分配等方面着手。

关键词：证券民事赔偿责任优先 证券罚没款 暂缓入库 财政回拨

一、问题的提出

落实证券民事赔偿责任优先原则，确保因违法行为受损投资者获得及时、充分赔偿，是资本市场践行"以人民为中心"发展思想的重要内容。我国证券法自1998年出台以来，就已确立证券民事赔偿责任优先原则。2019年修订的新《证券法》第二百二十条再次明确这一原则。遗憾的是，该原则至今未能付诸实践。究其原因，一方面，由于证券民事诉讼存在前置条件、程序相对复杂等原因，证券民事赔偿在时间上通常落后于行政处罚和刑事制裁；另一方

---

* 高振翔，中国社会科学院大学法学院博士生，深圳证券交易所助理经理。本文仅代表个人观点，与所任职单位无关。

面，我国缺乏落实证券民事赔偿责任优先的专门制度和程序性规则，导致违法者在缴纳完行政罚没款或刑事罚没金后，没有足够财产赔偿投资者。在新证券法和刑法修正案（十一）大幅提升证券违法违规成本，强化责任追究力度的背景下，高额证券罚没款可能进一步削弱相关责任人的民事偿付能力，使受损投资者得不到及时、充分赔偿的矛盾更加突出。为稳步推进注册制改革，确保证券市场长远健康发展，切实保护投资者合法权益，有必要深化落实民事赔偿责任优先原则，构建与注册制改革相适应的证券罚没款先赔后缴制度。①

先赔后缴制度是指当责任人的公法财产责任和民事财产责任发生冲突时，统筹考虑罚没款上缴国库和赔付受损投资者的双重要求，让民事赔偿责任得以优先实现的制度。不少学者曾撰文对先赔后缴相关制度进行过探讨。② 总的来说，先赔后缴制度主要包括国库管理制度上的暂缓入库和财政回拨两个方面，即对本应即时上缴国库的证券罚没款暂缓入库，或者将已经上缴国库的证券罚没款退付至特定账户，在投资者民事赔偿胜诉后责任人无力承担赔偿责任之时，用于补偿投资者损失。

2021年新修订的《行政处罚法》第二十八条第二款"当事人有违法所得，除依法应当退赔的外，应当予以没收"规定和第七十四条第三款"除依法应当退还、退赔的外，财政部门不得以任何形式向作出行政处罚决定的行政机关返还罚款、没收的违法所得或者没收非法财物拍卖的款项"规定，将民事退赔作为罚没款上缴国库的例外，为证券民事赔偿责任优先原则的落实打通至关重要的制度堵点。这意味着依法用于民事退赔的违法所得、罚款，可以不予没收或没收后可以由财政部门返还执法机关，为先赔后缴制度的建立提供明确法律依据。

但解决证券民事赔偿责任优先原则在实践中存在的问题，不一定要建立新的制度，如果在既有的法律制度框架下做相应改进就能解决问题，可以避免制

---

① 两会代表也曾提出建立先赔后缴机制相关提案，参见程丹. 全国人大代表、深交所理事长王建军建议：推进证券罚没款赔先罚后机制 减轻企业股权激励税费负担 [EB/OL]. [2021-04-12]. https://news.stcn.com/news/202103/t20210305_2885593.html。

② 参见陈洁. 证券民事赔偿责任优先原则的实现机制 [J]. 证券市场导报，2017（6）。黄辉，黄江东，李海龙，肖宇. 证券民事赔偿责任优先的法理逻辑与实现路径 [M] // 投资者（第6辑）. 北京：法律出版社，2019. 李明发. 民事赔偿责任优先原则的适用——我国《侵权责任法》第四条第二款规定之解读 [J]. 南京大学学报（哲学·人文科学·社会科学），2015（2）。李建华，麻锐. 论财产性民事责任优先承担规则 [J]. 社会科学战线，2011（8）。

度间的叠床架屋与重复建设，一般会是优选项。新《证券法》围绕中小投资者权益保护主线，规定责令回购制度（第二十四条）、先行赔付制度（第九十三条）和行政和解制度（第一百七十一条）等实现投资者赔偿的创新制度。本文将探求深化落实上述证券法规定的投资者保护创新机制能否解决问题，进而说明构建"先赔后缴"机制的必要性。在此基础上，对"先赔后缴"制度的实施路径做具体分析，以期为建立和优化我国证券民事赔偿优先相关制度提供建议。

二、证券法下实现投资者赔偿的创新机制分析

（一）责令回购

责令回购制度，是针对发行过程中存在欺诈发行行为的发行人及相关责任方，通过公权力强制其购回已发行股票的措施。[①] 2019年新《证券法》第二十四条将责令回购制度写入法律，该条规定，"股票的发行人在招股说明书等证券发行文件中隐瞒重要事实或者编造重大虚假内容，已经发行并上市的，国务院证券监督管理机构可以责令发行人回购证券，或者责令负有责任的控股股东、实际控制人买回证券。"为落实证券法关于责令回购制度的规定，2020年8月21日，证监会发布《欺诈发行上市股票责令回购实施办法（试行）（征求意见稿）》（以下简称《责令回购实施办法（征求意见稿）》），具体规定责令回购制度的适用范围、回购对象、回购价格、回购程序和方式、责令回购作出程序等问题，为责令回购制度的落地实施提供可操作的依据。根据证券法《责令回购实施办法（征求意见稿）》，适用责令回购的情形包括：一是股权的发行人在招股说明书等证券发行文件中隐瞒重要事实或者编造重大虚假内容，二是股权已经公开发行并上市，三是中国证监会依法作出责令回购的行政决定。

责令回购制度的初衷，是为欺诈发行受损投资者提供一种民事诉讼程序之外的简捷救济途径，同时及时规制欺诈发行责任人，使其回吐不当得利，承担相应的不利经济后果。责令回购是公权力为私力救济提供的辅助实现方式。根据责令回购的制度设计，责令回购时点先于行政处罚决定，因此不存在责任人

---

① 参见孙秀振. 欺诈发行责令回购股票制度：目标定位及现实构建 [J]. 证券市场导报，2019 (5)。

先履行行政财产责任,没有能力承担民事财产责任的问题,也就可以确保民事赔偿责任的优先实现。但责令回购制度存在诸多适用上的限制,难以解决民事赔偿责任优先原则落空的全部问题。

1. 责令回购适用案件范围小

责令回购仅适用于欺诈发行一种违法行为,局限性较大。责令回购无法适用于信息披露违法、内幕交易、市场操纵等案件。证监会行政处罚实践中,欺诈发行案件较少,2013年至今证监会认定的欺诈发行案件仅有五洋建设案(2018年)、嘉寓股份案(2017年,但因相关违法事实已过处罚时效,对其骗取发行核准行为不再给予行政处罚)、欣泰电气案(2016年)、海联讯案(2014年)、万福生科案(2013年)、绿大地案(2013年)6件。对绝大多数非欺诈发行案件,责令回购无法解决民事赔偿责任优先原则落空的问题。

2. 责令回购启动具有不确定性

首先,责令回购是任意性监管措施。《证券法》第二十四条规定,证券监管机构"可以"责令发行人回购或负有责任的控股股东、实际控制人买回证券,这意味证券监管机构也可以不责令责任人回购或买回证券,而直接采取行政处罚、市场禁入等监管措施。证监会在《责令回购实施办法(征求意见稿)》的起草说明中表示,责令回购措施是在发行人有欺诈发行情形,且股票已上市交易的情况下,赋予证券监管机构的一项新型监管措施,属于任意性规定,并不要求证券监管机构在发现上述法定情形后,都必须采取这种措施,而是要从有利于维护市场秩序和保护投资者合法权益出发,根据欺诈发行案件情况具体判断。

其次,责令回购的"责令"针对负有责令回购义务的责任人并非投资者,发行人或者负有责任的控股股东、实际控制人按照中国证监会的决定,向投资者发出回购或者买回股票要约,投资者对回购要约享有选择权。如果投资者拒绝回购方案,责令回购将不能实施。

3. 责令回购的实践经验有限

比较法上的制度实践无法为我国实施责令回购制度提供直接借鉴。从境外实践看,无论是德国法还是英美法的责令回购实践均由法院发动,受损投资者向公司提起民事诉讼,要求法院判决公司回购公司股票,证券监管机构并不参与此类回购措施。中国香港地区实践的责令回购由香港证监会提出申请,香港原讼法庭裁决,与中国内地责令回购制度由证监会直接发起存在本质差异。洪良国际案是香港市场实施责令回购的经典案例,但该案例存在特殊性:一是欺诈持续时间短,洪良国际在上市初期就被发现欺诈,公司股票换手率低,许多股东还是第一手认购新股的投资者;二是发行募集资金尚未被大量使用、隐匿或者转移;三是公司欺诈信息在揭露日前几乎未被市场知悉,在揭露日前同步实施停牌,欺诈信息没有造成公司股票价格的大幅波动,有助于投资者获得较为有利的回购价格。① 反观境内市场,欺诈发行案件大多案情复杂,调查认定持续时间较长,已发行证券换手率高,更重要的是欺诈消息可能已经提前泄露至市场,增加责令回购实施的复杂性,甚至导致责令回购失去意义。

4. 责令回购对债权人保护造成威胁

责令回购与债权人保护的内在关系问题尚待明晰,有可能成为责令回购实施障碍。责令回购客观上造成上市公司偿债能力的加速贬值,对债权人造成威胁,债权人是否可以要求公司在实施回购前提前清偿债务或提供担保,目前缺乏相应规定和救济机制。债权保护的不到位可能会对责令回购的有效实施造成负面影响。

综上所述,责令回购存在适用案件范围较小、启动具有不确定性、实践经验有限、对债权人保护造成威胁等问题,不足以彻底解决证券民事赔偿责任落空的全部问题,有必要与先赔后缴制度协同发展。首先,对责令回购无法适用的信息披露违法、内幕交易、市场操纵等案件,投资者仍然需要证券民事诉讼方式主张民事赔偿,先赔后缴制度可以实现证券民事赔偿责任优先。其次,对可以适用责令回购的欺诈发行案件,不同意回购方案或者未通过责令回购得到充分弥补而选择采取证券民事诉讼途径的投资者,同样需要"先赔后缴"制度发挥作用,以实现受损投资者的优先受偿。

(二) 先行赔付

先行赔付是我国针对证券民事赔偿责任实现难问题,在实践中探索发展的另一项重要制度。2019年新修订的《证券法》第九十三条规定,"发行人因欺诈发行、虚假陈述或者其他重大违法行为给投资者造成损失的,发行人的控股股东、实际控制人、相关的证券公司可以委托投资者保护机构,就赔偿事宜与受到损失的投资者达成协议,予以先行赔付。先行赔付后,可以依法向发行人以及其他连带责任人追偿。"先行赔付具有搁置法律争议,以民事和解形式解

---

① 参见杨亚威. 证券欺诈发行背景下责令回购制度研究 [J]. 商法界论集, 2020 (6): 242-243。

决纠纷，高效便捷低成本实现民事赔偿等优势①，目前已在万福生科、海联讯、欣泰电气3起案件中得到成功运用（见表1）。

表1 我国先行赔付案件情况

案件名称	基金设立人	公告设立时间	行政处罚时间	赔付用时	赔付金额	赔付比例
万福生科	平安证券（保荐人）	2013.5.10	2013.9.24	2个月	1.785亿元	99.56%
海联讯	海联讯主要股东	2014.7.18	2014.11.14	2个月	0.888亿元	98.81%
欣泰电气	兴业证券（保荐人）	2016.7.9	2016.7.25	2个月（一阶段）2个月（二阶段）	2.4198亿元	99.46%

先行赔付实践效果显著，对投资者而言，先行赔付是一种比证券民事诉讼更为有效的救济途径，有助于实现证券民事赔偿责任的优先实现，但先行赔付也存在局限性，无法解决民事赔偿责任优先原则落空的全部问题。

1. 先行赔付适用案件范围有限

除欺诈发行、虚假陈述案件外，《证券法》第九十三条还规定"其他重大违法行为"也能适用先行赔付，为先行赔付适用于其他类型案件留有空间。但从实践角度，目前3起先行赔付案件均为欺诈发行类案件，其他类型案件，特别是内幕交易、操纵市场适用先行赔付的空间不大。

一是内幕交易、操纵市场案件的违法行为人大多为中小投资者，并非发行人本身，不符合证券法规定的先行赔付责任人范围。

二是就算先行赔付适用于内幕交易、操纵市场，责任人是否有意愿承担先行赔付义务存在疑问，如在光大证券乌龙指案中，证监会认定光大集团行为构成内幕交易，但光大集团拒绝设立专门的投资者补偿基金。而就算责任人有意愿，大多数中小投资者也无先行赔付的实力。这与欺诈发行、虚假陈述案件存在较大差别。在这类案件中，保荐机构承担连带赔偿责任，为维持自己的"声誉资本"，减少违法行为对其后续业务的影响，一般有意愿也有实力进行先行赔付，以求得后续行政处罚的宽大处理。

三是内幕交易、操纵市场民事责任复杂性高、实施成本高，特别是关于因果关系的证明、投资者损失的计算等问题争议较大，难以简单套用目前已相对

---

① 参见巩海滨，王旭．证券市场先行赔付制度研究［J］．财经法学，2018（6）。

成熟的虚假陈述民事赔偿制度。在内幕交易、操纵市场民事赔偿成功实践极少的背景下，责任人一般没有动力进行先行赔付。至少到目前，先行赔付只能解决证券欺诈特定领域的问题，适用范围较为有限。

2. 先行赔付依赖责任人自愿启动

先行赔付能否启动也存在不确定性。启动先行赔付依赖多方面条件，特别是赔付主体的意愿和客观条件。《证券法》第九十三条的表述是"可以委托投资者保护机构，就赔偿事宜与受到损失的投资者达成协议，予以先行赔付"，"可以"表明责任人选择启动先行赔付的自愿性。以往的监管实践曾考虑把先行赔付作为相关责任人的强制性法律义务。证监会《公开发行证券的公司信息披露内容与格式准则第1号——招股说明书》第十八条规定，招股说明书扉页应有如下声明及承诺："保荐人承诺因其为发行人首次公开发行股票制作、出具的文件有虚假记载、误导性陈述或者重大遗漏，给投资者造成损失的，将先行赔付投资者损失。"从法律性质看，先行赔付作为一种民事和解，属于单方承诺法律行为。如果这种自我承诺行为根据证监会的规定作出，自我承诺成为强制性义务，可能引起争议：先行赔付的责任依据是证券侵权行为，归责应当由司法机关或者行政机关按照法定程序，经过举证、质证、辩论等程序之后作出。将先行赔付承诺作为"强制性义务"带有"未审先判"特点，侵害先行赔付人的正当程序权利，且改变证券违法行为归责原则，造成本应只是连带责任人的先行赔付人承担事实上的侵权直接责任，与证券法规定的原则不相一致。因此，先行赔付须以先行赔付人的自愿为前提。如果控股股东、实际控制人、保荐人等先行赔付人不愿意或没有能力进行先行赔付，先行赔付制度无法启动。

综上所述，先行赔付的适用范围有限，难以针对实践中形态各异的证券违法行为进行损害填补。此外，先行赔付具有自愿启动的特点，先行赔付能否成功实施依赖责任人的意愿和能力，以及证监会的态度。先行赔付确实可以在一定程度上解决证券民事赔偿责任优先实现的问题，但不足以彻底解决问题，仍有必要与先赔后缴制度协同发展。

（三）行政和解

证券行政和解通过协商方式消除行政争议，并由行政相对人交纳行政和解金直接补偿投资者损失，是一种相对柔性的新型执法模式。2019年新修订的《证券法》第一百七十一条规定证券执法领域的终止调查制度，实质就是证券行政和解制度的体现，该条规定，"国务院证券监督管理机构对涉嫌证券违法的单位或者个人进行调查期间，被调查的当事人书面申请，承诺在国务院证券监督管理机构认可的期限内纠正涉嫌违法行为，赔偿有关投资者损失，消除损害或者不良影响的，国务院证券监督管理机构可以决定中止调查。被调查的当事人履行承诺的，国务院证券监督管理机构可以决定终止调查；被调查的当事人未履行承诺或者有国务院规定的其他情形的，应当恢复调查。具体办法由国务院规定。"早在2015年，经国务院授权，证监会和财政部发布《行政和解试点实施办法》（证监会令第114号）以及《行政和解金管理暂行办法》（证监会、财政部公告〔2015〕4号），在证券领域启动行政和解试点。

证券行政和解通过公权力的运用让受损投资者优先得到补偿。在和解金使用上，和解金优先用于赔偿投资者损失，只有行政相对人涉嫌违法行为未造成投资者损失，或者造成的投资者损失难以认定，或者行政和解金在赔偿投资者损失后仍有剩余的，和解金才上缴国库。和解金的确定、分配体现证券民事赔偿责任优先原则。如果证券执法案件普遍采用行政和解方式结案，确实可以达到证券民事赔偿责任优先实现效果。在美国，超过90%的证券执法案件经由和解结案，一半案件在SEC执法程序启动前就已达成和解。但在我国，证券行政和解案件申请和受理量均少。据不完全统计，2015—2019年，证监会累计作出行政处罚决定的案件数多达1200余件，却仅在两件案件中达成行政执法和解（见表2），适用和解的案件比例不足千分之二。[①] 和解效果不彰，一方面是制度局限性所致，另一方面，和解是否符合我国当前执法环境，是否可能动摇监管权威、放纵违法行为，这些疑问也导致证监会在实践中较少采用和解。[②]

---

① 2015—2019年，证监会作出行政处罚决定的案件数量分别为2015年177件、2016年218件、2018年237件、2018年310件和2019年260件，数据来源于证监会官网。
② 参见高振翔，陈洁. 美国证券执法和解制度镜鉴[J]. 证券市场导报，2020（11）。

表2 我国证券行政和解案件情况

案件名称	涉案事实	和解公告时间	和解金金额	和解金使用
高盛亚洲、北京高华案	2013年10月8日至2015年7月3日期间，高盛亚洲自营交易员通过在高华证券开立的高盛经纪业务账户进行交易，同时向高华证券自营交易员提供业务指导。双方于2015年5月至7月期间的4个交易日的部分交易时段，从事其他相关股票及股指期货合约交易。	2019年4月23日	1.5亿元	该案不涉及投资者赔偿问题，和解金按规定将上缴国库。
上海司度案	2015年1月1日至2015年7月31日期间，上海司度委托资产管理机构设立多个资产管理计划，并控制、使用资产管理计划开立的账户进行交易，其行为涉嫌违反账户管理使用的有关规定。富安达基金、中信期货、千石资本、国信期货为满足上海司度交易需求，为其设立资产管理计划，供委托人控制、使用，其行为涉嫌违反资产管理业务的有关规定。	2020年1月2日	6.85亿元	该案不涉及投资者赔偿问题，和解金按规定将上缴国库。

1.《行政和解试点实施办法》关于行政和解的制度设计存在较大局限性

一是和解条件过于严格。《行政和解试点实施办法》规定只有"事实或法律关系尚难明确的案件"才能适用和解。从实践效果看，这一严格和解条件对和解广泛运用形成阻碍。现有2起和解案例都属于证券执法领域的非常规案件。内幕交易、信息披露违法和市场操纵等证券市场更常见多发案件都未适用和解结案。

二是和解程序启动不畅。《行政和解试点实施办法》规定证监会不得主动或者变相主动提出和解建议，但由于调查过程的非公开，当事人无法获得足够信息判断是否应该提出和解申请。此外，当事人可以启动行政和解的时间为自收到中国证监会送达的案件调查通知书之日起，至中国证监会作出行政处罚决定前。但实践中，直到事先告知阶段，当事人才有机会全面了解涉案事实、理由和法律依据。这意味，当事人的和解权利只有到事先告知阶段才能得到充分行使。和解程序启动不畅在一定程度上造成和解时效性较差。高盛亚洲、北京高华案的涉案行为发生至和解公告的时间跨度长达7年。而上海司度案的涉案行为发生至和解公告的时间跨度也长达5年。相较而言，在万福生科、海联讯、万福生科等先行赔付案件中，从涉嫌违法违规立案调查，到适格投资者补偿都未超过 2 年。而证券民事诉讼从立案到一审判决、二审判决，平均需时也才 11.3 个月。

此外，当前和解实践还存在和解信息公开不足，监督机制不够完善，与民事诉讼、先行赔付等相关机制衔接空白等问题。证监会于 2020 年 8 月发布的《证券期货行政和解实施办法（征求意见稿）》（以下简称《和解实施办法（征求意见稿）》）对《行政和解试点实施办法》作出针对性的修订完善。根据《和解实施办法（征求意见稿）》，和解条件不再限于"事实或法律关系尚难明确"案件，如果当事人已经或者承诺采取有效措施，纠正涉嫌违法行为，赔偿有关投资者损失，消除损害或者不良影响的，也符合和解条件。此外，《和解实施办法（征求意见稿）》还对和解启动程序、和解信息公开、和解金管理使用等方面进行修订。但是目前，《和解实施办法（征求意见稿）》尚未最终出台，其实践效果如何，还有待案例予以验证。

2. 我国当前执法环境下行政和解难以广泛实施

就算《和解实施办法（征求意见稿）》解决和解实施的制度障碍，现阶段，在我国广泛适用证券行政和解以落实民事赔偿责任优先原则的主张也不现实。

一是我国行政监管中，行政和解实践较少，公众对行政和解的认知和接受程度有限。目前，我国行政和解实践仅限于反垄断、反倾销、海关知识产权执法和证券行政执法等少数领域。①

二是关于行政和解动摇监管权威、放纵违法行为的争论一直存在。在美国的证券和解实践中，由于和解案件当事人无须承认违法，只需缴纳一定和解金并承担一定和解义务便可结案了事，造成公众对 SEC 产生执法不严、让违法者逃避违法后果的质疑。此外，美国大公司往往花费重金聘请 SEC 前高级雇员到公司任职或者担任法律顾问，以应对 SEC 所可能采取的执法行动，大公司在和解谈判中投入资源、拥有的政治能量可能超过 SEC，导致和解结果总体上偏袒大公司，加剧对和解放纵违法的质疑。② 美国公众对和解的质疑，在我国也可能同样成立。因此，如果我国证监会对个案和解处理不慎，可能对自身的执法

---

① 如《反垄断法》第四十五条规定的经营者承诺制度；《反倾销条例》第三十一条规定的价格承诺制度；《知识产权海关保护条例》第二十七条规定的海关知识产权执法终止制度。
② 参见高振翔，陈洁. 美国证券执法和解制度镜鉴［J］. 证券市场导报，2020（11）。

权威和执法公信力产生负面影响。

三是我国当前监管环境下可以适用证券行政和解的案件范围十分有限。加大证券市场违法违规成本，严厉打击证券违法犯罪行为是当前执法"主旋律"。金融委多次会议指出，要全面落实对资本市场违法犯罪行为"零容忍"工作要求，对财务造假、资金占用等恶性违法行为从重处理。在许多证券违法案件中，特别是恶性证券违法案件中，行政处罚仍然是证券监管机构首选路径。

在我国当前证券执法环境下，证券行政和解制度的普遍实施还需漫长过程，一方面公众对行政和解的认知和接受程度尚待提高，另一方面为确保行政和解的公平、公正、公开，行政和解的舆论监督、司法监督和监察委纪委监督等内外部监督机制有待完善。此外，对个案来说，行政和解协议的顺利达成有赖于当事人配合，对当事人不愿意达成行政和解的案件，投资者仍然需要通过证券民事诉讼主张损害赔偿。因此，寄希望于通过证券行政和解解决证券民事赔偿责任优先原则落空问题是"远水救不了近火"。在大部分案件仍然以行政处罚结案的情况下，仍有必要通过建立先赔后缴制度以落实证券民事赔偿责任优先原则。

三、先赔后缴制度的构建路径与思路

我国证券民事赔偿责任优先原则无法落实的重要原因是配套制度缺失。司法实践中实现证券民事赔偿优先的最大障碍是行政罚款已经先于民事赔偿执行完毕上缴国库，民事赔偿已客观上不能实现。[①] 虽然新修订的证券法同时规定先行赔付、行政和解、责令回购等实现投资者赔偿的创新机制，但均存在局限性，不足以解决全部问题。建立证券罚没款暂缓入库，已入库的证券罚没款实现财政回拨的先赔后缴制度在证券法下仍有必要性。先赔后缴制度构建涉及法律法规修改和相关实操问题，具体分析如下。

(一) 法律法规修改

虽然新行政处罚法明确将民事退赔作为上缴国库的例外，但是证券法、预算法和相关法规、规章和规范性文件却并未做同步修改（见表3），先赔后缴制度仍然面临法律障碍。因此，要实现证券罚没款先赔后缴，在目前行政处罚法修改的基础上，还需对相关法律法规进行调整。

---

① 参见陈洁. 证券民事赔偿责任优先原则的实现机制 [J]. 证券市场导报，2017 (6)。

表3 先赔后缴制度构建须调整的法律法规规章梳理

效力级别	名称	具体内容
法律	《证券法》	第二百二十二条 依照本法收缴的罚款和没收的违法所得，全部上缴国库。
	《预算法》	第五十六条 政府的全部收入应当上缴国家金库，任何部门、单位和个人不得截留、占用、挪用或者拖欠。
行政法规	《中华人民共和国国家金库条例》	第十四条 国家的一切预算收入，应按照规定全部缴入国库，任何单位不得截留、坐支或自行保管。
部门规章及部门规范性文件	《政府非税收入管理办法》（财税〔2016〕33号）	第十七条 非税收入应当全部上缴国库，任何部门、单位和个人不得截留、占用、挪用、坐支或者拖欠。
	《财政部关于下达行政性收费、罚没收入实行预算管理实施办法的通知》（财预字〔1995〕27号）	罚没收入除国家另有规定外，一律由执罚单位按规定就地缴入国库。

一是建议将《证券法》第二百二十二条修改为，"依照本法收缴的罚款和没收的违法所得，除按法律规定优先用于民事赔偿责任外，全部上缴国库。"

二是建议在《预算法》第五十六条以及《国家金库条例》第十四条分别增加1款，"政府的罚没收入按照法律规定优先用于民事赔偿责任的，应当暂缓入库。已经缴入国库的，应当予以回拨。"

三是法律法规修改完成后，财税部门对与上位法相抵触的规章及规章以下规范性文件进行清理。

（二）具体制度构建

先赔后缴制度构建，包括暂缓入库制度构建和财政回拨制度构建两个方面，涉及最高人民法院、财政部和证监会等多个单位，有必要由国务院发文，明确实践操作。

1. 暂缓入库和财政回拨的关系

暂缓入库和财政回拨分别解决不同情形下的民事赔偿责任优先问题。暂缓入库适用于行政决定或刑事判决已经作出，发现责任主体还应承担民事责任，但民事诉讼将要提起或尚在进行中的情形。财政回拨则适用于行政决定或刑事判决作出时，未发现责任主体需承担民事责任，或者虽发现责任主体还应承担民事责任，但罚没款暂缓入库时效已过，相关款项已上缴国库，投资者最终取得民事胜诉判决，责任人无力承担的情况。

2. 暂缓入库制度构建

一是暂缓入库的申请程序。主要解决谁提出暂缓入库申请以及相关审查程序问题。暂缓入库发生在公法财产责任被执行以前，因此，由证券监管机构或者刑事司法机关作为申请人较为适宜。证券监管机构在作出或者执行财产罚过程中，发现责任人还可能同时承担民事赔偿责任（如当事人已经起诉或虽未起诉，案件仍在诉讼时效内），且责任人财产不足以同时支付时（如责任人财产不足以全部支付行政罚没款），向财政部提出暂缓入库申请。依法享有赔偿请求权的当事人可以向证券监管机构提出暂缓入库建议，证券监管机构应当予以考虑。

二是暂缓入库的合理期间。暂缓入库的意义在于保证财政资金不流失的同时，充分运用罚没款保障投资者及时有效获得损害赔偿。因此，暂缓入库应当有一个合理期间，经过合理期间后，如果暂缓入库罚没款项未能用于受害人赔偿，则上缴国库。暂缓入库的合理期间应该包括诉讼时效以及整个完整的民事诉讼司法程序所需时间。

三是暂缓入库资金的管理与分配。对暂缓入库的证券罚没款管理，有两种方案：一种是由财政部设立财政专户，专项管理证券罚没款；另一种是由财政部委托专业机构管理罚没款项：对行政罚款，可由投保基金公司或投服中心等投资者保护机构代为保管并专项存储；对于刑事罚金，可以直接由法院保管。方案一符合《预算法》第六十五条"对于法律有明确规定或者经国务院批准的特定专用资金，可以依照国务院的规定设立财政专户"的规定，有一定的实施法律空间，但近年国家正在全面清理、整顿、缩减财政专户，就证券罚没款暂缓入库事项新设财政专户，需经国务院特别批准。[1] 方案二涉及将证券罚没款等政府收入委托第三方机构管理，目前并无法律依据，实施难度较大，但该方案优点在于充分利用专业机构在资金收集、管理、分配等问题上的专业能

---

[1] 《国务院关于深化预算管理制度改革的决定》（国发〔2014〕45号）要求，"各地一律不得新设专项支出财政专户，除财政审核并报国务院批准予以保留的专户外，其余专户在2年内逐步取消。"《财政部关于进一步规范地方国库资金和财政专户资金管理的通知》（财库〔2014〕175号）也要求，除依照法律法规和国务院、财政部的规定纳入财政专户管理的资金外，预算安排的资金应全部实行国库集中支付制度。因此，设立财政专户以达到罚没款暂缓入库目的，须经国务院特别批准。

力，便于资金的有效管理。

因此，可在方案一基础上进行优化，即证券罚没款统一由财政部设立财政专户管理，投资者保护机构则在专户资金分配等问题上提供专业协助。具体来说，资金管理方面，财政专户下按照案件单独设立子账户管理暂缓入库款项，避免不同案件资金混同。资金分配方面，暂缓入库资金分配原则上按照民事胜诉赔偿判决确定的赔偿金额（或"示范判决+调解"机制下的调解赔偿金额），经法院执行程序查明责任人无力承担全部民事赔偿责任后，由法院向财政部申请财政专户资金划付受损投资者。但在受损投资者分别提出民事赔偿诉讼，法院未进行合并审理的情形下，为避免财政专户逐一向投资者划付赔偿款的烦琐程序，以及由于暂缓入库罚没款不足以支付投资者全部损失，执行在后的投资者无法受偿的问题出现，可由投资者保护机构统一归集投资者的胜诉判决执行情况，一次性向财政部申请暂缓入库的证券罚没款划付（具体可建立投资者保护机构与法院系统之间的信息沟通渠道）。同时，当暂缓入库资金不足以支付投资者全部损失时，投资者保护机构可协助相关执行法院制订资金分配方案，并听取投资者对资金分配的意见。

3. 财政回拨制度构建

相比暂缓入库，财政回拨是一项成熟制度，在诉讼法中也有体现。如《最高人民法院关于适用〈中华人民共和国刑事诉讼法〉的解释》第五百二十二条规定，人民法院生效的没收裁定有误，"已经没收的财产，应当及时返还；财产已经上缴国库的，由原没收机关从财政机关申请退库，予以返还"。《国库资金管理办法》《国家金库条例》《国库会计管理规定》等国库管理行政法规、部门规章也都专门规定预算收入的退付制度及相关流程。实践中，财政回拨情形包括发生错缴、多缴等技术性差错，按计划缴入国库的收入超过实际收入或者按法律法规、政策要求办理退库等。但需要注意的是，我国现行法规对于罚没款退库虽有相关规定，但其范围有限。对因证券民事责任的赔偿款的优先执行，是否可以适用财政退库制度，目前制度上尚无规定，也无先例。因此，证券罚没款财政回拨制度仍需系统构建（暂缓入库与财政回拨方案对比见表4）。

表 4 证券罚没款暂缓入库和财政回拨方案对比

	暂缓入库	财政回拨
申请人	证券监管机构或刑事司法机关	取得民事执行依据的投资者
申请程序	由申请人直接向财政部提出申请	由人民法院根据投资者申请,向财政部申请财政回拨(或指定投资者保护机构集中办理)
暂缓期间/申请回拨期间	民事诉讼时效以及整个完整的民事诉讼司法程序(含执行)所需时间	证券民事赔偿判决生效后两年,与民事执行时效一致
资金管理及分配	财政专户统一管理暂缓入库资金,可指定投资者保护机构提供集中办理暂缓入库资金划付、资金分配方案确定等服务	由财政部,或指定的投资者保护机构办理回拨,资金直接从国库划转至投资者。退库资金不足以全部支付民事赔偿金额的,由投资者保护机构制订分配方案

一是财政回拨申请与资金分配。申请财政回拨的条件有三:一是责任人的公法财产责任已经执行,行政罚没款或刑事罚没金被上缴国库;二是当事人取得民事执行依据,责任人须履行民事赔偿义务;三是责任人确已无法承担相应民事赔偿责任。因此,有权提出财政回拨申请的应当是取得民事执行依据的投资者。法院在执行过程中,发现责任人确已无法承担民事赔偿责任时,即可根据投资者要求向财政部申请财政回拨。具体操作中,财政回拨可与民事执行程序相互衔接,执行法院在对被执行人名下财产五查(查明存款、不动产、车辆、证券和股权投资五项财产状况),确认被执行人已无其他财产可供执行后,投资者即可提出财政回拨申请,由执行法院根据投资者申请,向财政部申请回拨。

同时,鉴于受害投资者往往人数众多,且相关工作具有较高专业性,为方便操作,实践中可指定专业投资者保护机构集中办理财政回拨,即执行法院将投资者的回拨申请和案件执行情况统一交由投资者保护机构汇总,由投资者保护机构在一定期间内归集回拨申请后,统一向财政部提出回拨申请,以免出现不同执行法院分别多次申请回拨情况。

此外,对退库证券罚没款不足以全部支付民事赔偿金额时的资金分配,投资者保护机构可以协助相关执行法院制订专门的分配方案,并引入听证、异议和建议等程序,确保资金分配的科学合理。

二是财政回拨的合理期间。鉴于投资者提起民事诉讼的时间可能不一,有的可能怠于行使权利,为保证国库资金的确定性、提高资金使用效率,应明确可以申请退库的实践期限,以免出现证券罚没款入库很长时间以后再办理退库的情况。可以规定申请退库的时限为证券民事赔偿判决生效后两年,该时限与民事诉讼的执行时效一致。

市场实践

区域性股权市场
助力中小微企业发展的山东实践

王胜进*

摘　要： 区域性股权市场是我国多层次资本市场体系组成部分，肩负着服务中小微企业的使命和责任。本文以山东地区为样本，以齐鲁股权交易中心（以下简称齐鲁股交）的实践为案例，通过对中小微企业实地调研，总结出当前中小微企业最希望得到的服务主要有培训宣传、管理咨询、改制辅导、法律服务、政策代办等基础性服务以及股权转让、投融资对接、上市培育等。文章对区域性股权市场扶持企业"专精特新"发展面临的难点进行了分析，并提出相关建议。

关键词： 中小微企业　区域性股权市场　专精特新　山东

2019年，习近平总书记在中央财经委员会第五次会议上提出，要发挥企业家精神和工匠精神，培育一批"专精特新"中小企业，为中小微企业下一步发展提供了遵循，指明了方向。近期，习近平总书记在视察山东讲话中提出"三个走在前"，其中，要在增强经济社会发展创新力上走在前。2021年7月30日召开的中共中央政治局会议提出，发展"专精特新"中小企业。2021年11月，北京证券交易所开市，"专精特新"中小企业迎来历史性发展机遇。目前，全国省级"专精特新"中小企业已经超过4万多家，成为地方经济社会创新发展的重要动力。山东省是制造业大省，目前累计培育有效期内的省级"专精特新"中小企业3424家、瞪羚企业1140家、独角兽企业20家；获评国家专

---

* 王胜进，齐鲁股权交易中心党委书记、董事长。

精特新"小巨人"企业 362 家、重点"小巨人"企业 157 家，分列全国第三和第一位。但中小微企业及"专精特新"企业仍存在融资难、融资贵、上市难等问题。

作为山东省重要的中小微企业培育服务平台和金融基础设施，齐鲁股交积极发挥区域性股权市场资源聚集优势，助力企业沿着"科技型初创小微企业→'专精特新'中小企业→上市企业、专精特新'小巨人'企业"的路径发展壮大，为企业构建更加层次化、立体化的梯度服务体系。2021 年 6 月，山东省工信厅出台的《山东省"专精特新"中小企业上市培育工作的实施方案》（以下简称《实施方案》）要求依托齐鲁股交，以"专精特新"中小企业为主体，五年内培育 5000 家企业的公司制改制企业"外围潜力圈"，2000 家上市培育企业"后备培育圈"，500 家企业的"上市冲刺圈"。2021 年，齐鲁股交连续获批 2021 年度山东省级中小企业公共服务示范平台、重点服务国家专精特新"小巨人"企业公共服务平台体系成员和重点服务国家专精特新"小巨人"企业公共服务平台。

截至 2021 年 10 月底，齐鲁股交累计挂牌企业 5253 家，托管企业 5786 家，挂牌股份企业 2737 家，挂牌的"专精特新"企业 283 家；累计帮助企业实现各类融资超 762 亿元，其中，直接融资 263 亿元，股权质押融资 384 亿元。推动 62 家企业转至沪深交易所、港交所、北交所、新三板等更高层次资本市场，有效促进了资本、科技和实体经济的良性循环。

一、齐鲁股交助力中小企业"专精特新"发展的探索

（一）围绕需求，形成梯度服务逻辑

齐鲁股交以中小企业需求为导向，形成了区域性股权市场的服务逻辑。根据齐鲁股交近年来对中小企业的调查结果，当前小微企业最希望得到的服务主要有培训宣传、管理咨询、改制辅导、法律服务、政策代办等基础性服务，而实力相对更强、成长性更强的科创企业、"专精特新"企业等优质企业更希望在区域性股权市场得到股权转让、投融资对接、上市培育等高端服务。

2021 年，根据山东省工信厅要求，齐鲁股交围绕"专精特新"企业，开发"高成长企业上市培育库"系统。根据调研，入库的 1400 多家"专精特新"企业中，有融资需求的达 1055 家，占比最高；302 家企业有上市意愿（见表 1）。

表1 入库"专精特新"企业需求

	上市需求	改制辅导	融资需求	财务顾问	信息咨询	管理培训	路演宣传	其他
家数	302	277	1055	330	433	545	117	155

根据调研汇总不同发展阶段企业的当前实际需求，齐鲁股交深挖问题关键，并预测出企业下一阶段的需求，将区域性股权市场功能与企业需求及时契合，内外化资源，形成了梯度培育的服务逻辑（见表2）。

表2 齐鲁股交服务中小企业"专精特新"发展的梯度服务体系

企业发展阶段	服务类型	内部板块	外部服务机构
科技型初创型小微企业	基础性服务	成长板	培训机构、法律服务机构、会所、高校、知识产权机构等
"专精特新""瞪羚""单项冠军"和"独角兽"等企业	多元融资服务	精选板、高成长企业板	投资机构、银行、担保增信机构、保险、省市主流新闻媒体等
高质量上市目标企业	上市培育服务	高成长企业板（板内高层次企业）、上市培育板	知名券商、律所、会所、投资机构、更高层次资本市场等

一是将企业分层分类，明确成长路径。齐鲁股交构造了"成长板→精选板→高成长企业板→上市培育板"的梯度培育板块体系。根据细分领域、企业成长性等特点，将初创小微企业、科创企业、"专精特新"企业、专精特新"小巨人"企业和上市后备企业等不同资质、不同类型的企业嵌入不同的板块，对企业精准施策、分类扶持。

二是优化平台资源生态圈，内外协同为企业提供梯度服务体系。首先，针对中小微企业普遍存在的基础性服务需求，齐鲁股交引入培训机构、律所、会所、高校、咨询机构、知识产权机构等，为企业提供培训咨询、法律服务、政策代办、托管展示等基础性服务，通过规模效应，降低服务机构的边际成本和企业负担；对中小服务机构开展培训和评估，解决机构综合性服务水平不强、服务针对性不足等问题。其次，针对"专精特新""瞪羚"等优质企业，齐鲁股交拿出最优资源，重点从融资和上市培育两方面助力企业做强做大。一方面，打造专业的资本市场服务团队，并引入券商、银行、基金、担保等机构为企业提供投融资服务。通过企业估值、风险评估等措施，服务投资机构投前尽调；通过对已投企业开展规范改制、培育孵化、信息披露、融资对接等服务，协助"专精特新"企业价值增值、投资机构顺利退出，形成优质企业、投资机构和区域性股权市场多方共赢的良性循环。另一方面，"专精特新""瞪羚"企业经过市场的培育培优，成长为上市后备企业。齐鲁股交探索与沪深交易所、北交所、新三板开展战略合作，借助券商、中介机构等上市辅导资源，充分发挥"上市预科班""发展助推器"作用，加大对拟上市公司的培育力度，力争为更高层次资本市场输送更多高质量的"专精特新"企业。

（二）具体做法与初步成效

1. 围绕科技型初创小微企业，打造普惠综合服务平台

一是提供托管展示基础服务。区域性股权市场可为区域非上市企业、新三板摘牌企业提供股份、股权的登记存管、过户等服务，从而降低企业管理股东名册的运营成本。展示服务通过对企业信息的线上线下展示，提高小微企业知名度和影响力。齐鲁股交通过丰富展示板块功能，初步建立了展示企业的信息动态更新与分类机制，以展示为切入点，推动了小微企业与资本市场以及上下游企业的初步对接，目前展示企业上万家。

二是提供公益性培训服务。针对各类培训机构服务内容单一、综合性和针对性不足，服务价格不透明等问题，齐鲁股交积极对接优质机构，通过集中授课，降低机构边际成本和企业负担。目前已对接国内多家知名培训机构和地方政府，合作组织"挂牌第一课""企业家资本市场知识培训专项行动""资本运营实现业绩倍增"研修班、财税金融专题课等培训课程。通过举行一系列的培训，助力小微企业深入了解、熟练运用资本市场，提高企业管理效能。

三是提供公益性咨询服务。齐鲁股权组织律所等会员，组成"法律援助团"，为挂牌企业提供合同履行、劳动用工、社保财税、知识产权等多方面的免费咨询，帮助企业有效解决实际问题。2020年以来，针对新冠肺炎疫情期间企业相关合同履行问题和企业经营问题，推出在线法律事务课程视频，为企业提供全面的政策信息解读，帮助企业防范各类法律风险。齐鲁股交打造了智库专家，通过专业化的金融顾问服务，精准把脉企业财务问题，为企业提供咨询服务。

四是提供普惠融资服务。2020年以来，齐鲁股交与工商银行、建设银行、浦发银行、招商银行、齐鲁银行等银行合作，推动企业对接普惠融资产品1000余家次，帮助188家企业实现信贷融资10.78亿元。

五是开展政策解读服务。齐鲁股交通过"人工+智能"方式，及时收集整理省市各级政府部门惠企政策，通过公司网站、公众号、企业微信群、培训课等线上线下渠道，向企业及时推送省市项目申报等政策信息，帮助科技企业争取地方政府的资金支持。

六是通过"县域资本市场工程"服务县域、乡镇基层企业。齐鲁股交针对县域经济金融资源、金融人才匮乏，县域政府金融工作人员人手少、专业能力不足等短板，契合县域产业特点、资源禀赋，为基层企业提供县域资本市场服务，推动企业转型升级。2019年以来，已与全省11个地市21个区县签署县域资本市场工程协议，探索出区域资本市场服务下沉基层企业的新路径。比如，将滨州无棣县打造成县域资本市场标杆，组织智库专家采用"集中辅导""一对一问诊"等方式服务企业，为地方金融干部及小微企业提供培训服务；为基层企业及区县政府制订宣传方案，在主流媒体刊发专题报道，提升企业品牌形象。目前，齐鲁股交已成为地方政府服务中小微企业政策落地重要平台。

2. 为"专精特新"等优质企业提供围绕多元融资服务

"专精特新""瞪羚""单项冠军"和"独角兽"等企业是区域性股权市场的中坚力量和发展引擎。齐鲁股交为其打造了"4+N"的服务体系，即高成长企业上市培育库、山东高成长企业板、山东省中小企业投融资联盟、山东资本市场学院4个服务载体，以及公司制改制、股权管理、路演宣传等N个特色精准服务，推动企业加快融资，尽快成长为专精特新"小巨人"、上市后备企业。

一是开设"高成长企业上市培育库"和"山东高成长企业板"，服务"专精特新"企业改制挂牌托管。2021年6月，山东省工信厅出台《山东省"专精特新"中小企业上市培育工作的实施方案》，明确依托齐鲁股交，组织市级以上"专精特新"中小企业公司制改制；汇集有上市基础和意愿的企业，建立"山东省高成长企业上市培育库"；积极组织入库企业挂牌齐鲁股交"山东高成长企业板"，按照"培育企业""辅导企业"和"上市企业"三个层级，精准规划上市发展路径和对接专项培训培育服务产品，未上市专精特新"小巨人"企业都要挂牌"山东高成长企业板"。方案要求，2021年内推动至少1000家国家级专精特新"小巨人"、国家级及省级制造业单项冠军、省级"瞪羚""独角兽""专精特新"中小企业进入"山东省高成长企业上市培育库"；年内"山东高成长企业板"挂牌企业达200家、托管国家级专精特新"小巨人"至少60家；每年改制"专精特新"企业1000家以上，五年达到5000家；2022

年后"山东高成长企业板"挂牌企业持续保持在 500 家以上。

根据方案要求,齐鲁股交成立了"高成长企业上市培育库"。目前,全省 3000 多家"专精特新"企业中,有资本市场发展需求的 1400 多家企业入库,其中瞪羚企业 362 家、单项冠军 158 家、小巨人 102 家。入库企业按照十强产业分析,高端装备、新能源材料占比较高,分别为 359 家、306 家。

目前,齐鲁股交共有 283 家"专精特新"挂牌企业。齐鲁股交为"专精特新"企业打造了 20 多项服务举措于一体的改制挂牌服务模式,助力企业应对疫情冲击。根据 2020 年年报数据,"专精特新"挂牌企业业绩稳健,2020 年平均资产总额为 9353 万元,平均净利润 197 万元,平均营业收入 7010 万元,平均每家有 22 项专利,6 项发明专利,各项指标均于挂牌企业整体平均水平。为进一步支持"专精特新"企业挂牌"山东高成长企业板",齐鲁股交推出了挂牌绿色通道、费用减免等优惠措施。

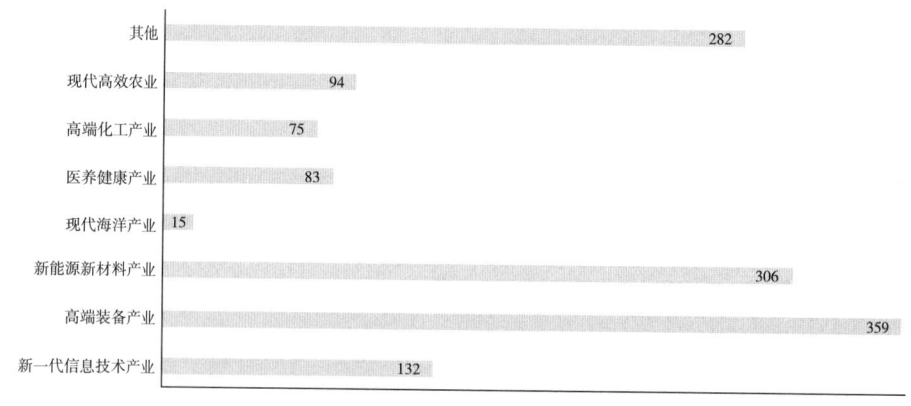

图 1　入库企业情况

二是成立"山东省中小企业投融资联盟",纾解"专精特新"企业融资难题。2021 年 10 月,齐鲁股交联合中泰证券、山东省新动能基金、省内外知名银行、券商、投融资机构、会计、法律等中介服务机构共同发起建立"山东省中小企业投融资联盟",发布了服务"专精特新"企业的服务方案,推动省内工信部门发布了《山东省专精特新中小企业贷款风险补偿实施细则》和《山东省专精特新中小企业省级财政资金股权投资实施细则》,汇集更多投融资资源助力企业快速发展。

三是积极嫁接基金、银行等资源,打造金融服务生态,为"专精特新"企业提供股权投资及专属信贷服务。一方面,齐鲁股交与股东深圳证券信息公司及相关基金合作，在淄博、德州等地组织"专精特新"企业专场路演活动，帮助企业对接股权融资。齐鲁股交联合济南产业发展基金管理有限公司、山东菏铁资产等，探索设立北京鲁京鼎丰私募基金管理有限公司，后续拟发起规模5亿元的私募股权投资基金，重点服务市场"专精特新"企业股权融资。截至2021年10月底，齐鲁股交累计为71家瞪羚企业、"专精特新"企业实现直接融资6.44亿元，29家企业通过股权质押实现融资1.90亿元。另一方面，齐鲁股交与商业银行合作，围绕"专精特新"企业开展投贷联动活动。联合建设银行、青岛银行推出"专精特新贷"，联合工商银行推出"科创贷"，与浦发银行等围绕"瞪羚"企业推出"瞪羚贷"。今年10月，与建行山东分行等7家单位签约"专精特新"中小企业资本服务战略合作协议，重点扶持企业融资发展。

四是探索完善分层分类信披工作机制，提升企业融资效率。为了推动有融资需求的企业做好信息披露工作，解决信息不对称问题，齐鲁股交持续服务企业真实准确完整地披露信息，进而提高挂牌企业治理水平，切实保护投资者利益。2017—2019年年报信披企业家数分别为1239家、1646家、1931家。企业质量实现有效提升。

五是做好企业品牌提升、路演宣传等工作。齐鲁股交创办国内首档由省级媒体和区域股权市场联手打造的大型融媒访谈节目——《做客山东台·齐鲁股权在线·对话最具价值品牌》，宣传一批"专精特新"企业。

(三) 紧盯"专精特新"上市后备企业，持续完善培育孵化服务

2014年，在全国股转系统支持下，齐鲁股交与其建立了挂牌企业批量转移对接通道，目前共有58家挂牌企业转板新三板。今年，在齐鲁股交挂牌培育的企业科汇股份上市科创板，齐鲁华信登陆北交所，三元生物无条件通过创业板上市委审议会议，三家企业均为省级以上"专精特新"企业。

一是建设山东资本市场学院，启动"上市苗圃计划"。2021年，齐鲁股交针对"专精特新"等"金种子"企业推出企业家资本修炼营、董秘训练营和资本链接营等产品，从企业家资本意识培养、资本运作人才培育、企业投融资对接等层面打造"专精特新"专属培育体系。组织评选100家"荣耀之星"挂牌企业，其中50余家为"专精特新"优质企业。

二是与更高层次资本市场合作打造培育孵化基地。2017年，齐鲁股交与新三板、上交所、深交所、港交所等联合设立"多层次资本市场资源联合培育基

地"，目前已为 2000 多家次挂牌企业提供培训咨询、培育孵化、路演宣传、融资支持等各类金融综合服务。2021 年 5 月，齐鲁股交与深交所共建深交所淄博基地，计划"十四五"期间推送 10 家淄博企业在深交所上市。

目前，齐鲁股交依托"高成长企业板""上市培育板"，根据企业的上市意愿和企业质地，将其细分为"上市辅导阶段"和"上市冲刺阶段"，初步建立了企业培育孵化"时间表""流程图"，依托培育基地，对接知名券商，打造金牌上市保荐人队伍，深入企业一对一现场交流、把脉，实施上市培育辅导。

二、齐鲁股交扶持企业"专精特新"发展的规划措施

"十四五"期间，齐鲁股交将全力支持中小微企业在区域性股权市场孵化培育，畅通"专精特新"企业直接融资渠道，助力"专精特新"企业股改挂牌上市。

一是进一步聚集科技型初创小微企业，做大初创小微企业的综合服务平台。与地方政府、律所、会所等中介机构、银行等普惠融资机构以及 IT 企业、品牌厂商合作，为企业提供智能办公硬件、法律咨询、税务服务、企业培训、系统软件、销售推广及普惠融资等普惠服务，进一步降低企业采购成本，推动科技企业数字化转型升级。发挥地方政府服务中小微企业政策落地平台作用，完善区域性股权市场的信息咨询、政策对接服务。在此过程中，沉淀企业各类数据，发现和培育优质企业。

二是围绕"专精特新"等优质企业，做强私募股权投融资服务平台。首先，推动更多私募基金参与市场业务，开发企业估值、信用报告、风险评分等产品，完善细分领域头部企业的筛选功能，有效帮助私募基金开展尽职调研、产品设计、投后管理等系列工作。探索开展私募股权和创投基金的份额登记托管，疏解基金流动性问题。其次，为优质企业提供股权激励、员工持股等股权服务，帮助企业引进战略投资者。吸引专业投资机构、融资服务合作商加入市场，为企业做好规范改制、融资对接、政策咨询、并购重组、产业链整合、信息中介等系列化、多元化财务顾问服务。

三是聚焦上市后备企业，做强拟上市企业规范辅导平台。建设好"高成长板""上市培育板"等板块，加大企业上市培育孵化力度。对接协调各级各地政府，及时解决企业在上市过程中面临的财务规范等问题，提高企业上市效

率。发挥企业培育基地作用，以北交所设立为契机，不断创新与更高层次资本市场的合作机制，深化合作领域，加快优质企业转板上市步伐。计划"十四五"期间，为全省60家重点国家级专精特新"小巨人"企业实现融资144亿元，培育上市企业21家。

四是积极争取业务创新试点资格，丰富产品"工具箱"。11月15日，中国证监会发布《关于原则同意天津等12家区域性股权市场开展区块链建设试点工作的函》（证监办函〔2021〕869号），齐鲁股交获批组织开展区块链建设试点工作。下步将运用区块链、大数据技术，引入省内工商、税务等第三方数据，实现基于企业画像的增信功能，建成具有需求挖掘、投融资撮合、数据增信的投融资综合服务平台。

五是通过增资扩股引进战略投资者，为改革发展创造良好条件。齐鲁股交拟把握国家扩大金融领域开放的有利时机，借助中日韩自贸区、上海合作组织地方经贸合作示范区、黄河流域高质量发展战略、中国（山东）自贸试验区、区域全面经济伙伴关系协定（RCEP）等战略机会，探索与知名电商、境外交易所、国际投行合作，力争引进有资源、有实力的境内外机构成为公司战略投资者，实现合资经营、合作发展，为服务"专精特新"企业创造资金基础，提高市场抗风险能力。努力将齐鲁股交建设成位于山东的"纳斯达克市场"和"国际化的联合交易所"，成为更加规范、透明、开放、有活力、有韧性的场外交易市场和为中小企业提供融资的平台，为中国多层次资本市场建设贡献山东智慧、山东方案。

三、区域性股权市场扶持企业"专精特新"发展的问题与建议

（一）存在的困难

1. 企业融资渠道不够畅通

一是股权融资难度大。中小企业包括"专精特新"中小企业普遍处于起步阶段，风险普遍偏大，投资机构对企业处于观望阶段，直接投资落地效果不佳。部分区域性股权市场运营机构计划成立基金管理子公司，直接投资于挂牌企业，但《私募基金管理人登记须知（2018年12月更新）》等政策对该业务进行了限制。

二是"专精特新"有限责任公司无法对接私募债融资产品。例如，山东省"高成长企业上市培育库"的入库企业中，"专精特新"有限责任公司达1084

家，其中瞪羚企业 249 家，"专精特新"小巨人 69 家，单项冠军 108 家。2020 年度，入库的"专精特新"有限责任公司平均营业收入 22657 万元，平均净利润 1698 万元，质地较好，但根据相关规定，"专精特新"有限责任公司仍无法对接区域性股权市场可转债产品。

三是间接融资渠道仍不畅通。虽然部分银行出台了部分"专精特新"贷款和投贷联动产品，但在实际操作中鉴于风险成本考虑，对接成功率相对不高，间接融资覆盖面仍有不足。同时，受《商业银行法》"商业银行不得直接持有企业股权或者认股权证"条款影响，商业银行对参与区域性股权市场投贷联动的积极性不高。

2. 企业资本市场意识普遍不足

一方面，中小企业家利用资本市场实现高质量发展的意识和动力普遍不足。另一方面，企业进入区域性股权市场的改制、规范等成本平均为 30 万—60 万元，虽然齐鲁股交对"专精特新"企业采取费用减免等措施，但是企业囿于挂牌及改制规范成本等考虑，进入资本市场的积极性仍不高。

3. 多层次资本市场连接问题

目前，企业从区域资本市场走向新三板、北交所不存在法律障碍，但相关的制度设计和安排尚不明确。《关于规范发展区域性股权市场的指导意见》（清整办函〔2019〕131 号）明确，鼓励地方上市后备企业到区域性股权市场挂牌进行规范培育，鼓励符合条件的区域性股权市场挂牌公司到新三板挂牌或证券交易所上市。但是从操作方面，从区域性股权市场转至新三板、北交所的路径尚不明确，多层次资本市场有机联系通道尚未打通。

（二）有关建议

《国民经济和社会发展第十四个五年规划和 2035 年远景目标纲要》明确提出，要推动中小企业提升专业化优势，培育专精特新"小巨人"企业和"制造业单项冠军企业"。国务院领导小组办公室印发的《为"专精特新"中小企业办实事清单》，要求在区域性股权市场推广设立"专精特新"专板。建议有关部门出台政策，支持"专精特新"企业在区域性股权市场孵化培育，畅通"专精特新"企业直接融资渠道，塑造更多依靠创新驱动、发挥先发优势的引领型发展。

一是建议完善"专精特新"企业绿色上市挂牌融资通道工作机制。建议地方政府成立"专精特新"企业上市挂牌工作推进专班，统筹推进"专精特新"企业上市培育、融资对接以及区域性股权市场"专精特新"板块建设工作，协调解决"专精特新"企业发展存在的重大问题。

二是建议地方政府通过区域性股权市场落地更多"专精特新"中小企业扶持措施。建议支持区域性股权市场与省级市场监管部门建立业务对接和数据共享机制，为企业提供"一站式"办理服务，便利企业开展股权转让及股权质押融资。鼓励区域性股权市场打造产业链信息数据平台，与省内公共信用信息平台共享数据信息，促进企业直接融资。

三是建议支持"专精特新"中小企业直接融资。建议国家相关产业基金、地方政府引导基金与区域性股权市场合作设立面向"专精特新"企业的专项直投基金、可转债基金和 S 基金，投向"专精特新"企业发展，由区域性股权市场运营机构协助做好信息披露、投后管理等有关工作。允许区域性股权市场运营机构作为发起人申请设立私募基金管理公司，满足中小微企业的股权融资需求。建议在部分区域性股权市场试点，将可转债发行主体扩大至"专精特新"有限责任公司。

四是建议畅通多层次资本市场间的有机联系。建议沪深交易所、北交所、新三板等加强对区域性股权市场的调研沟通，指导区域性股权市场为企业提供更优质的培育孵化服务。

【市场实践】

港股公开发行自主配售及合规性分析

申万宏源承销保荐课题组*

摘　要：新股配售机制是新股发行制度的重要组成部分，不仅直接影响有关参与各方的利益分配，还间接影响到新股的定价机制。本文以港股IPO承销发行制度为观察对象，提出港股IPO定价具有市场化特点，与境内A股IPO发行相比，主承销商在向专业投资者和基石投资者的自主配售方面，具有较大自主分配权。香港IPO自主配售给予承销商的分配权较大，在防范利益输送方面，主要体现在对于关联关系禁售范围的法规定义和核查要求，与境内公开发行相比，关联关系禁售范围相对较窄。

关键词：港股IPO　发行承销　自主配售

在目前的A股IPO发行承销制度下，在询价的网下发行配售环节，对于向网下投资者初始发行比例、投资者分类标准，以及向不同类别投资者优先配售的比例均有较明确的法规限制。且由于目前的A股IPO打新市场环境仍然处于发行市盈率较低、新股供小于需的背景下，打新收益确定性较强，因此对于战略配售的比例和投资者资质均有严格要求，在实践过程中，A股对于战略投资者资质要求甚至进一步高于法规要求。总体来说，境内新股发行配售给予主承销商的自主配售空间十分有限。

而香港IPO，定价结果具有市场化特点，新股上市后盈亏自负，主承销商

---

* 本文为全国股转公司2021年对外委托课题"北京证券交易所公开发行承销机制优化研究"阶段性成果。课题组：申万宏源证券承销保荐有限责任公司；撰稿人：申雪明、刘钊、武玉滢、孙畅、康铁牛、朱春明。

具有一定销售压力，为确保发行成功和上市后新股走势保持稳定，主承销商在向专业投资者和基石投资者的自主配售方面，具有较大自主分配权。

一、新股发行配售环节

香港 IPO 发行股份总额分为公开发售和国际发售部分，公开发售基于红鞋机制，如果出现超额认购，采用的是以"平均分"为原则，采取抽签方式分配，即以股票申购账户为基础，按照"人手若干股"的原则，保证每个有效申请账户可按照一定基准，获得部分新股股份。在国际发售环节，赋予承销商较大的配售权，具体原则由承销商确定，不必按比例分配。

通常情况下，在公开发售和国际发售部分，两者回拨前的初始发行比例，分别占招股总额的 10%~15% 和 85%~90%，对于市值较大的公司可以向香港联交所申请豁免而进一步降低公开发售的比例，一般可以降到 5%，从分配比例可以看出，国际发售部分的比重占绝大多数。

国际发售只有专业投资者才能参与。国际发售包括向基石投资者配售与向其他国际配售投资者配售，根据香港 IPO 近年的发行情况，基石投资者是重要的构成部分，考虑投资者知名度、项目发行难度，以及上市流动性等多方面因素，一般约占基础发行规模的 30%~50%。

国际配售参与者的主要特点如下表所示。

	基石投资者	锚定投资者/其他国际配售投资者
引入	√签署具法律约束力的投资协议 √刊印招股书、管理层路演前引入，并披露于招股书	√国际配售期间下单 √无须于招股书披露
份额	√保证份额、足额分配	√不保证分配份额
订单修改和撤回	√签署投资协议后不可修改或撤回	√没有签署协议，簿记结束前可随时撤回或修改（订单规模、限价）
价格话语权	√基石协议不含价格或价格区间 √技术上无论发行定价为何，必须接受	√下单可具明限价 √簿记期间可随时不限次数修改
IPO 后锁定期	√上市后 6 个月内	√无锁定期，可于上市第一天出售

对于国际配售参与者，主承销商具有灵活的选择权，可以将股票配售给优质的投资者，确保良好的后市表现，对于基石投资者，也没有提出更高的资质要求。主承销商可以自行给投资者进行级别区分并决定配售数量，可考虑的因

素主要有以下几点：一是投资者条件，如投资者类型、管理资产规模和长期持股意愿等；二是报价和参与路演情况，如投资者报价、报价时间、拟申购规模、参与路演积极程度等；三是行为表现，如过往投资情况、市场活跃程度、与发行人和主承销商的战略合作关系等。

二、香港 IPO 自主配售合规要求

香港 IPO 自主配售给予承销商的分配权较大，在防范利益输送方面，主要体现在对于关联关系禁售范围的法规定义和核查，与境内公开发行相比，关联关系禁售范围相对较窄，且有进一步可豁免禁售情形，总体核查要求较宽松。

（一）为防范利益输送，港股 IPO 自主配售具有明确的法规禁止情形

港股主板 IPO 具有禁止配售的范围，主要为：（1）牵头经纪商或任何分销商的"关联客户"；（2）申请人的董事或现有股东或其"紧密联系人"（不论以自己的名义或通过代名人），除非能符合部分豁免条件；或（3）代名人公司，除非能披露最终受益人的姓名。

"关联客户"，主要包括牵头经纪商或任何分销商的合伙人、员工、主要股东、董事、所属集团的成员公司，以及涉及前述关联客户个人的配偶或未成年子女或继子女及相关家族信托或管理投资组合等。

"紧密联系人"，对中国发行人而言，如为个人，主要是指其配偶，及本人和配偶未满 18 岁的（亲生或领养）子女或继子女及相关家族信托，以及前述相关方本人或家族联同能够直接或间接在股东大会上行使或控制行使 30%或 30%以上的投票权，或足以控制董事会大部分成员的公司及其附属公司，以及前述相关方本人或家族联同直接或间接拥有的出缴资本/出缴资产根据合同能够取得盈利或其他收益占 30%或 30%以上的合作式或合同式合营公司（不论是否为独立法人）；如为公司，主要是指其附属公司或控股公司或其控股公司的附属公司和相关信托，以及前述相关方本身或联合能够直接或间接在股东大会上行使或控制行使 30%或 30%以上的投票权，或足以控制董事会大部分成员的公司及其附属公司，以及前述相关方本身或联合直接或间接拥有的出缴资本/出缴资产根据合同能够取得盈利或其他收益占 30%或 30%以上的合作式或合同式合营公司（不论是否为独立法人）。

(二) 港股关联关系禁售范围相对较窄，对于关联公司的认定标准较境内宽松

相对来讲，港股禁售的关联关系范围与 A 股公开发行相比范围较窄，没有包括发行人员工和与主承销商存在保荐、承销业务关系的公司及其关联方等，对自然人关系密切的家庭成员定义也相对范围较小，仅包括配偶及子女，但港股禁售范围扩大到了关系密切的家庭成员能够施加重大影响的公司。具体可参见附表。

另外，港股与境内 IPO 关联关系禁售方均包括发行人董事或现有股东，但对于董事或现有股东的关联公司的禁售范围，港股明确为有 30% 控制权或收益权的公司或合伙企业，而 A 股公开发行，实践操作一般认为发行人董事或现有股东持股比例达 5% 以上的公司或出资达 5% 的投资产品等均视为关联方，应纳入禁售范围。

(三) 港股对于上述关联关系禁售范围，还存在进一步弹性豁免空间

根据前文所述法规要求，不得向主承销商关联客户及发行人的现有股东或其紧密联系人分配股票，但香港联交所进一步提出，如能根据相关事实符合若干条件，且保荐人或发行人等提前以书面形式向香港联交所进行豁免申请，香港联交所一般会同意该豁免申请，可以向该对象配售股票。

可申请豁免的情形主要包括发行人少数股东，如能符合 (1) 本次发行前持有发行人投票权少于 5%；(2) 非核心关联人 (主要包括现在或过去 12 个月担任发行人或任何附属公司的董事、现任高管或主要股东、中国发行人或任何附属公司的监事，以及任何前述人员关系密切的家庭成员等情况) 或其紧密联系人；(3) 无委任董事的权利或任何其他特别权利；(4) 不影响发行人需遵守的公众持股量的规定等情况，可以获得豁免。

另外，可申请豁免的情形还包括主承销商的关联客户，如能符合 (1) 分配给该关联客户的任何股份为其代表独立第三方而持有；(2) 与该关联客户订立的投资协议不会包含相比其他投资者的投资协议较为更有利的任何重大条款；(3) 关联主承销商不参与涉及该关联客户的决策过程或相关讨论；(4) 该关联客户不会因与主承销商的关系而在分配上获得优惠待遇等情况，可以获得豁免。

(四) 对于自主配售对象的核查和信息披露方面要求，港股较宽松

A 股公开发行的相关法规中明确要求，主承销商应对战略投资者的选取标

准、配售资格及是否存在禁止性情形进行核查,要求发行人、战略投资者就核查事项出具承诺函,并聘请律师事务所出具法律意见书。战略投资者禁止性情形包括:(1)发行人和主承销商向战略投资者承诺上市后股价将上涨,或者股价如未上涨将由发行人购回股票或者给予任何形式的经济补偿;(2)主承销商以承诺对承销费用分成、介绍参与其他发行人战略配售、返还新股配售经纪佣金等作为条件引入战略投资者;(3)发行人上市后认购发行人战略投资者管理的证券投资基金;(4)发行人承诺在战略投资者获配股份的限售期内,委任与该战略投资者存在关联关系的人员担任发行人的董事、监事及高级管理人员,但发行人的高级管理人员与核心员工设立专项资产管理计划参与战略配售的除外;(5)除以公开募集方式设立,主要投资策略包括投资战略配售股票,且以封闭方式运作的证券投资基金的情形外,战略投资者使用非自有资金认购发行人股票,或者存在接受其他投资者委托或委托其他投资者参与本次战略配售的情形;(6)其他直接或间接进行利益输送的行为。另外,主承销商还应要求发行人、战略投资者就核查事项出具承诺函,内容包括:(1)其为本次配售股票的实际持有人,不存在受其他投资者委托或委托其他投资者参与本次战略配售的情形(符合战略配售条件的证券投资基金等主体除外);(2)其资金来源为自有资金(符合战略配售条件的证券投资基金等主体除外),且符合该资金的投资方向;(3)不通过任何形式在限售期内转让所持有本次配售的股票;(4)与发行人或其他利益关系人之间不存在输送不正当利益的行为。

  法规规定,主承销商还应当公开披露战略配售核查文件及法律意见书。

  港股会于招股说明书中披露公开发售和国际发售初始发行架构、可以豁免纳入关联关系禁售的情况,以及基石投资者的名称、基本情况、投资金额、认购股数占比等信息。对于基石投资者,主承销商可自行协调发行人和投资者,在投资协议中制定禁止发行人向基石投资者承诺优惠待遇和输送不正当利益行为的条款,该投资协议将向香港联交所报备,但法规没有明文规定具体需承诺禁止的条款,且没有关于主承销商出具核查自主配售部分投资者的专项报告及公开披露的要求。

  根据以上分析,港股IPO国际发售部分占比约占90%,承销商具有较大自主配售权,在自主配售环节港股也有明确的法规要求以防止向关联方进行利益输送,但在认定标准及操作实践上,与境内新股发行相比,不仅关联方认定范围较窄,还有进一步的豁免弹性空间。建议境内在注册制下,若能够放开对于券商在定价环节的约束，定价更加市场化，也可考虑赋予券商较高自由度的自主配售权进行充分市场博弈，以完善承销定价机制。

附表　不同板块禁止配售的关联关系范围

港股主板	A股公开发行
申请人如事前未取得本交易所的书面同意，不得向下列人士分配证券： (1) 牵头经纪商或任何分销商的「关联客户」； (2) 申请人的董事或现有股东或其「紧密联系人」（不论以自己的名义或通过代名人），除非能符合部分豁免条件；或 (3) 代名人公司，除非能披露最终受益人的姓名。 「关联客户」，就交易所参与者而言，指该名交易所参与者的任何客户，而该客户是： (1) 该名交易所参与者的合伙人； (2) 该名交易所参与者的雇员； (3) 如该名交易所参与者为一家公司， (a) 为该名交易所参与者主要股东的任何人士；或 (b) 该名交易所参与者的董事； (4) 上文（1）至（3）项所述任何个人的配偶或未成年子女或继子女； (5) 在私人或家族信托（退休金计划除外）中出任受托人职位的人士，而该等信托的受益人包括上文（1）至（4）项所述的任何人士； (6) 上文（1）至（4）项所述任何人士的近亲，而其账户由该名交易所参与者依据一项全权管理投资组合*协议管理；或 (7) 该名交易所参与者所属集团的成员公司。 注*：「全权管理投资组合」指一笔用于投资的资金，其投资项目由一名交易所参与者监理，或由该名交易所参与者所属集团的任何成员公司监理，而该名交易所参与者或该成员公司有权行使酌情决定权，以为该笔资金进行或安排交易。 「紧密联系人」，对中国发行人而言，指： (a) 就任何个人而言，指：(i) 其配偶；(ii) 该名人士或其配偶未满18岁的（亲生或领养）子女或继子女［与上述（a）(i)项统称"家属权益"（Family Interests）］；(iii) 以其本人或其任何	首次公开发行股票网下配售时，发行人和主承销商不得向下列对象配售股票： （一）发行人及其股东、实际控制人、董事、监事、高级管理人员和其他员工；发行人及其股东、实际控制人、董事、监事、高级管理人员能够直接或间接实施控制、共同控制或施加重大影响的公司，以及该公司控股股东、控股子公司和控股股东控制的其他子公司； （二）主承销商及其持股比例5%以上的股东，主承销商的董事、监事、高级管理人员和其他员工；主承销商及其持股比例5%以上的股东、董事、监事、高级管理人员能够直接或间接实施控制、共同控制或施加重大影响的公司，以及该公司控股股东、控股子公司和控股股东控制的其他子公司； （三）承销商及其控股股东、董事、监事、高级管理人员和其他员工； （四）本条第（一）、（二）、（三）项所述人士的关系密切的家庭成员，包括配偶、子女及其配偶、父母及配偶的父母、兄弟姐妹及其配偶、配偶的兄弟姐妹、子女配偶的父母； （五）过去6个月内与主承销商存在保荐、承销业务关系的公司及其持股5%以上的股东、实际控制人、董事、监事、高级管理人员，或已与主承销商签署保荐、承销业务合同或达成相关意向的公司及其持股5%以上的股东、实际控制人、董事、监事、高级管理人员； （六）通过配售可能导致不当行为或不正当利益的其他自然人、法人和组织； （七）主承销商或发行人就配售对象资格设定的其他条件。 本条第（二）、（三）项规定的禁止配售对象管理的公募基金不受前款规定的限制，但应符合中国证监会的有关规定。

续表

港股主板	A股公开发行
家属权益为受益人（或如属全权信托，以其所知是全权托管的对象）的任何信托中，具有受托人身份的受托人；(iv) 其本人、其家属权益及／或上述 (a)(iii) 项所述的受托人以其受托人的身份直接或间接拥有股本权益的任何公司（包括根据中国法律成立的合资企业），而他们所合共拥有的股本权益足以让他们在股东大会上行使或控制行使30%（或适用的中国法律规定的任何百分比，而该百分比是触发强制性公开要约，或确立对企业法律上或管理上的控制所需的）或30%以上的投票权，或足以让他们控制董事会大部分成员，以及该公司的任何附属公司；及 (v) 联同其本人、其家属权益及／或上述 (a)(iii) 项所述的受托人以其受托人的身份直接或间接在一家根据中国法律成立的合作式或合同式合营公司（不论是否为独立法人）拥有权益的任何公司或个人，而其本人、其家属权益及／或上述 (a)(iii) 项所述的受托人以其受托人的身份直接或间接合共拥有该合营公司的出缴资本及／或出缴资产或根据合同应占合营公司的盈利或其他收益30%（或适用的中国法律规定的任何百分比，而该百分比是触发强制性公开要约，或确立对企业法律上或管理上的控制所需的）或30%以上的权益；及 (b) 就一家公司而言，指 (i) 其附属公司或控股公司或其控股公司的附属公司；(ii) 以该公司为受益人（或如属全权信托，以该公司所知是全权托管的对象）的任何信托中，具有受托人身份的受托人；及 (iii) 该公司、其附属公司或控股公司或其控股公司的附属公司，及／或上述 (b)(ii) 项所述的受托人以其受托人的身份直接或间接拥有股本权益的任何其他公司（包括根据中国法律成立的合资企业），而他们所合共拥有的股本权益足以让他们在股东大会上行使或控制行使30%（或适用的中国法律规定的任何百分比，而该百分比是触发强制性公开要约，或确立对企业法律上或管理上的控制所需的）或30%以上的投票权，或足以让他们控制董事会大部分成员，以及该公司的任何附属公司；及 (iv) 联同该公司、	—

续表

港股主板	A 股公开发行
其附属公司或控股公司或其控股公司的附属公司，及／或上述（b）(ii) 项所述的受托人以其受托人身份在一家根据中国法律成立的合作式或合同式合营公司（不论是否为独立法人）拥有权益的任何其他公司或个人，而该公司、其附属公司或控股公司或其控股公司的附属公司，及／或上述（b）(ii) 项所述的受托人以其受托人身份直接或间接拥有该合营公司的出缴资本及／或出缴资产，或根据合同应占合营公司的盈利或其他收益 30%（或适用的中国法律规定的任何百分比，而该百分比是触发强制性公开要约，或确立对企业法律上或管理上的控制所需的）或 30% 以上的权益。	—

稿 约

《多层次资本市场研究》是由全国中小企业股份转让系统有限责任公司、北京证券交易所主办，面向社会公开连续出版的学术类出版物。内容涵盖中小企业发展、资本市场制度创新、金融创新等我国资本市场发展的重要问题。风格为理论与实践并重、宏观与微观结合、现实与前瞻兼顾。

选题范围包括：资本市场制度改革创新研究、新三板市场发展研究、民营经济产业研究、中小企业发展研究、资本市场微观行为研究、域外资本市场分析及启示、上市及挂牌公司案例研究、金融科技等。

栏目设置包括"理论前沿""制度探索""企业研究""金融科技""域外经验""案例分析"等，每辑根据实际情况适当调整。

现面向全国经济、金融、法律、投资等理论界、实务界，诚征稿件。来稿应论点鲜明、逻辑严谨、结构合理、可读性强，具有学术深度和实践应用价值。稿件篇幅以8000~10000字为宜，特别优秀的理论稿件不受此限。稿件一经录用，编辑部将及时通知作者；采用后将根据文章质量及字数支付稿酬，并奉送样书。

投稿请发送至电子邮箱：tougao@neeq.com.cn，并附作者简介，包括姓名、署名单位、职务或职称、研究领域、通信地址、邮政编码、联系电话、E-mail等信息。所有投稿应符合国家著作权规定、公认学术规范和所附《编辑体例》要求。

本书编辑部保留对来稿进行文字性和技术性修改的权利。所采用文章均不代表全国股转公司、北京证券交易所观点，文责由作者自负；除特别说明外，文章为作者个人观点，与其所在单位、职务无关。

投稿人向《多层次资本市场研究》投稿，即视为接受本稿约，并授权本书将稿件纳入《中国学术期刊网络出版总库》及CNKI系列数据库、"北大法宝"（北大法律信息网）期刊数据库等学术资源数据库以及全国股转公司、北京证券交易所官方互联网平台，稿酬已包含上述数据库著作权使用费。如有异议，请来稿时注明。

编辑体例

投稿论文应为作者原创、未公开发表、无知识产权争议并应符合学术规范，严禁一稿多投，并符合以下要求。

一、文章字数

文章应论点鲜明、逻辑严谨、可读性强，具有学术深度和实践应用价值，字数在8000~10000字为宜，特别优秀的理论文章字数不限。

二、标题

文章题名一般不超过20个字，必要时可加副标题。黑体三号字，居中。

三、作者

题目下方一行署名作者，宋体小四号字（居中），附加脚注、使用上标星号（*）标明，脚注中应当注明作者姓名、工作单位、职务、职称、学历。

四、摘要和关键词

摘要一般不超过300字；关键词3~5个，关键词之间用空格分隔。宋体小四号字，首行缩进。固定行距28磅。

五、正文

正文区分标题和内容，标题首行缩进，层级依次为"一、……""（一）……""1.……""（1）……""①……"。一级标题采用黑体小四号字；二级标题采用楷体小四号字；内容首行缩进，宋体小四号字，固定行距28磅。

六、注释和参考文献

注释采用页下脚注，分页连续编号。注释非引用原文者，注释前加"参见";引用资料非原始出处者,注明"转引自";数个注释引自同一资料者,可合并同注。

参考文献附于文后,连续编号。注码放在文章标点之后,注码符号为"[1]……"字体及字号:宋体小五号字,首行缩进。

(一)著作类

1. 独著作品

董安生.民事法律行为[M].北京:中国人民大学出版社,2000:19-22.

2. 合著作品

徐明,李明良.证券市场组织与行为的法律规范[M].北京:商务印书馆,2002:10.

3. 多人合著作品

左卫民,等.可持续发展与环境资源法制建设[M].北京:中国法制出版社,2003:214-216.

4. 编辑作品

国务院研究室编写组.十三届全国人大一次会议(政府工作报告)辅导读本(2018)[M].北京:中国言实出版社,2018:65-67.

(二)论文类

1. 期刊

谢庚.新三板服务中小微实践[J].中国金融,2018(19).

2. 论文集

(1)公开发行类

尹田.论动产善意取得的理论基础及相关问题[M]//民商法论丛(第29卷).北京:法律出版社,2004.

(2)非公开发行类

李文超,李明红.新形势下乡土法官调解模式的检视与完善——从人民法庭家事纠纷的微观角度[C].最高人民法院第二届人民法庭论坛论文集,2017.

3. 学位论文

王刚.西方各国金融系统演进和功能的制度分析——兼论我国金融系统的改革[D].长春:吉林大学,2004:189.

(三)译作类

亚当·斯密. 国富论 [M]. 唐日松, 等译. 北京: 华夏出版社, 2005: 224.

(四) 报纸类

郑志刚. CDR: 只是刚刚吹响上市制度改革的号角 [N]. 经济观察报, 2018-04-16.

(五) 辞书类

沃克. 牛津法律大辞典 [M]. 北京社会与科技发展研究所, 译. 北京: 光明日报出版社, 1988: 68.

(六) 外文类

遵从该文种注释惯例。英文注释体例如下:

1. 著作类

Harold U. Faulkner. American Economic History [M]. Harper & Brothers Publishers, 1960: 23-25.

2. 论文类

Gavin Goh & Andreas R. Iiegler, Retrospective Remedies in the WTO after Automotive Leather [J]. Journal of International Economic Law, 2003, 9.

(七) 网络类

梁慧星. 关于中国物权法的起草 [EB/OL]. [2009-08-08]. http://article.chinalawinfo.com/article/user/article_display.asp? ArticleID=29283.

七、其他要求

(一) 关于文章中的外文词语

1. 文章正文中第一次出现的外文词语,请不仅要标注出中文译义,并写全外文单词。

2. 图表中的图标、表头与单位等请用中文词汇。如引用外文,请标注中文译义。

(二) 关于文章引用法律法规条文

1. 发布与实施的时间及发文单位要正确。

2. 法律法规的名称及引文内容要准确无误。引用具体法律法规、规范性文件应当加用书名号,首次引用应当使用全标题,如《中华人民共和国证券法》《中国证监会关于进一步推进全国中小企业股份转让系统发展的若干意见》。

3. 法条或文件内容序号(第×条、第×款、第×项)、时间(世纪、年代、年月日等)、数量金额等使用阿拉伯数字,但直接引用原文的从原文。

（三）关于图表

1. 文中若出现图表，内文中应提到"见表1……"或"见图1……"。

2. 图表中如有数字，请注明单位，图表中的图标、表头与单位等请用中文词汇。

3. 请注明图表的数据来源。

（四）关于统计百分比数据

含有百分比的数据要四舍五入精确到0.01%，各占比部分相加之和的误差小于或等于0.01%。